Marcela Matos

Seu futuro em
Direito

2010, Editora Fundamento Educacional Ltda.

Editor e edição de texto: Editora Fundamento
Capa e editoração eletrônica: Duilio Scok/Marcio Luis Coraiola

Todos os direitos reservados e protegidos pela Lei 5.988, de 14.12.1973.
Nenhuma parte deste livro poderá ser reproduzida ou transmitida sejam quais forem os meios empregados – eletrônicos, mecânicos, fotográficos, gravação ou quaisquer outros – sem autorização prévia da editora.

Copyright das imagens das páginas 44, 62, 72, 77, 83, 102, 107, 122, 128, 134, 140, 144, 154, 167, 173 e 186 © Stockxpert.com

Imagens fornecidas pela agência Fotolia:
Página 50 © Aleksandar Radovanovic. Página 53 © Jürgen Effner. Página 67 © Andrejs Pidjass. Página 91 © GoodMood Photo. Página 96 © Galina Barskaya. Página 112 © Ferenc Szelepcsenyi. Página 115 © e-pyton. Página 149 © Alx. Página 160 © mdfiles. Página 163 © Marco Rullkötter. Página 179 © Norman Hildenbrand. Página 182 © Marc Dietrich

Dados Internacionais de Catalogação na Publicação (CIP)
(Câmara Brasileira do Livro, SP, Brasil)

Matos, Marcela
    Seu futuro em Direito / Marcela Matos; [versão brasileira da editora]
São Paulo, SP: Editora Fundamento Educacional, 2010.

    Bibliografia

    1. Advogados – Brasil 2. Carreira profissional – Desenvolvimento
    3. Direito – Estudo e ensino 4. Direito como profissão
    5. Escolha de profissão I. Título.

03 – 7160   CDU – 34 – 051

Índice para catálogo sistemático:
1. Direito: Carreira profissional: Guias   34 – 051

Fundação Biblioteca Nacional

Depósito legal na Biblioteca Nacional, conforme Decreto n.º 1.825, de dezembro de 1907.
Todos os direitos reservados no Brasil por Editora Fundamento Educacional Ltda.

Impresso no Brasil

Telefone: (41) 3015 9700
E-mail: info@editorafundamento.com.br
Site: www.editorafundamento.com.br

Sumário

1 – Introdução 5
2 – Formação profissional 6

    2.1 Ensino jurídico 6
    2.2 Exame de Ordem 10
    2.3 Mercado de trabalho 12
    2.4 O que os "caçadores de talento" procuram 24
    2.5 Habilidades necessárias 26

3 – Especialidades 41

    Biodireito 41
    Direito Administrativo 47
    Direito Aeronáutico, Direito Espacial e Direito Marítimo 50
    Direito Agrário 58
    Direito Ambiental 62
    Direito Constitucional 67
    Direito de Família 72
    Direito de Negócios 78
    Direito de Propriedade Intelectual 86
    Direito Desportivo 91
    Direito Digital 96
    Direito do Consumidor 101
    Direito do Entretenimento 106
    Direito do Mercado de Capitais 108
    Direito do Seguro 114
    Direito do Trabalho 119
    Direito Eleitoral 125
    Direito Imobiliário 130
    Direito Internacional 134

Direito Médico 139
Direito Penal 144
Direito Penal Econômico 150
Direito Previdenciário 153
Direito Sanitário 157
Direito Tributário 163
Direito Urbanístico 169
Direitos Humanos 172
Responsabilidade Civil 176

4 – Anexos **179**

4.1 Relação dos mais importantes escritórios brasileiros de advocacia 179

1 Introdução

Ao perceber a carência de informações e a enorme dificuldade dos jovens na hora de escolher uma profissão, a Editora Fundamento deu início ao projeto Guia de Profissões. O primeiro livro da série foi *Seu Futuro em Direito*, lançado em 2003, com um mapeamento inédito da área de Direito e suas especialidades do ponto de vista do mercado de atuação. Aos leitores, foi oferecido completo raio X das opções disponíveis para quem se forma em Direito hoje ou nos próximos anos. Agora, chega às livrarias uma nova edição deste trabalho, com novas especialidades, mais depoimentos, atualização de áreas que apontaram crescimento maior nos últimos anos e de outras que seguiram na direção contrária. Graças ao sucesso de *Seu Futuro em Direito*, veio *Seu Futuro em Medicina*, e outros estão a caminho.

Para a elaboração deste guia, foram entrevistados mais de 120 profissionais de Direito, a escolha foi feita pela área de atuação. Com isso, foram ouvidos os advogados mais bem conceituados do mercado nacional, muitos com projeção internacional. Em depoimentos à autora, eles falaram da escolha da carreira, dos desafios e deram dicas para aqueles que querem seguir os mesmos passos.

É importante ressaltar que o guia não pretende oferecer ao leitor o domínio do Direito de Família, do Direito Penal ou de qualquer das especialidades mencionadas. Seu objetivo é trazer esclarecimentos quanto às principais opções oferecidas na área de Direito, organizando informações sobre pós-graduação, sobre o perfil desejável para o especialista, sobre a demanda atual e futura do mercado, sobre leituras fundamentais, além de nomes e endereços de entidades úteis.

Com esta publicação, a Editora Fundamento contribui para que os jovens brasileiros possam conhecer melhor as profissões que lhes são oferecidas, para que suas escolhas profissionais sejam realizadas em consonância com seus projetos de vida.

2 Formação profissional

2.1 Ensino jurídico

Até a década de 60, ser advogado era sinônimo de prestígio e respeito. Muitos intelectuais, escritores e políticos exibiam o diploma de Bacharel em Direito. Anos mais tarde, a partir do fim dos anos 80, com a promulgação da Constituição, a profissão ganhou ainda mais prestígio. Os cidadãos brasileiros descobriram que têm direitos e precisam de um advogado para fazer valer esses direitos, garantidos pela Constituição.

Anos depois, com a inserção do Brasil na economia global, os advogados, especialmente os vinculados aos grandes escritórios, viram a demanda dobrar, triplicar, multiplicar por dez. A advocacia vivia um *boom* com uma enorme quantidade de transações econômicas – fusões, aquisições, parcerias de todo tipo, das mais simples às mais complexas. O papel do profissional responsável pelo jurídico se transformou com as mudanças registradas nos últimos anos.

Mas, embora a categoria esteja em evidência e vivendo um excelente momento, uma questão não deixa de preocupar grande parte dos advogados: a qualidade do ensino jurídico.

Se, por um lado, o Brasil assistiu à revalorização do profissional de Direito, impulsionada pela Constituição, por outro viu a explosão do número de novos cursos de Direito por todo o país. Em 1960, havia 69 cursos de Direito em todo o Brasil, em 1997 o número chegava a 270 e, em 2002, já havíamos atingido nada menos que 450 cursos de Direito no país, sendo mais de um terço desse total (170 cursos) em funcionamento no Estado de São Paulo. E os números não param de crescer. Em 2001, foram 19 pedidos de abertura de novos cursos de Direito e, no primeiro semestre de 2002, mais 9 solicitações do mesmo tipo. Nem todos, é claro, podem começar a funcionar, pois dependem de aprovação do Ministério da Educação e Cultura.

A questão continua em destaque. Algumas instituições foram obrigadas a rever programas e reduzir a oferta de vagas. Mesmo assim, em 2007 falava-se em algo em torno de meio milhão de brasileiros matriculados em Direito por todo o país.

> Existirem muitas faculdades de Direito não é necessariamente ruim. O que precisamos é exigir uma formação mínima para o advogado. Hoje não há como ignorar os investimentos privados na educação porque as faculdades públicas não oferecem vagas em número suficiente.
>
> *Álvaro César Iglesias, presidente do Colégio Brasileiro de Faculdades de Direito.*

Para quem ainda vai ingressar na faculdade: diante de tantas faculdades de Direito, não é fácil escolher uma. É preciso levar em conta localização, facilidade de acesso, valor da mensalidade, mas é importante também ficar de olho na qualidade do ensino.

> Alguns cursos de Direito são um verdadeiro estelionato contra o aluno.
>
> *Álvaro César Iglesias, presidente do Colégio Brasileiro de Faculdades de Direito.*

Como escolher uma faculdade de Direito: é preciso levar em consideração a região onde o aluno mora, facilidade de acesso e, se possível, para aqueles que já trabalham, proximidade do trabalho. É fundamental também visitar a faculdade, agendar uma entrevista com o coordenador de curso e, claro, conversar com alunos e ex-alunos, para obter mais informações. Além desses cuidados, há bons instrumentos para ajudar o futuro universitário a decidir. Um deles é o ranking de aprovação no Exame de Ordem. Como se sabe, depois de formado em Direito é preciso inscrever-se na Ordem dos Advogados do Brasil (OAB) para passar a exercer a profissão de advogado. Acontece que recentemente o índice de aprovação tem sido de 30% em média, porque há uma grande variação entre um Estado e outro. Ou seja, de cada dez bacharéis em Direito que fazem o exame, apenas três são aprovados. A OAB, por meio de suas seccionais, faz o ranking de aprovação no Exame de

Formação profissional

Ordem por faculdade, ou seja, disponibiliza o porcentual de aprovação de alunos inscritos de cada faculdade. Baixo nível de aprovação no Exame de Ordem é sinal de problemas no ensino ou, pelo menos, de problemas para o aluno no futuro. Quem investe cinco anos de sua vida em um curso de Direito, pagando, muitas vezes, mensalidades de valor elevado, quer logo começar a exercer a profissão.

Ainda, para ajudar na hora de escolher uma faculdade de Direito, existe o **OAB Recomenda**, um programa que visa apontar as melhores escolas, segundo a entidade. O critério de escolha leva em conta as notas obtidas pelo curso no provão do MEC e o índice de aprovação no Exame de Ordem, além de outros dados.

A primeira edição do OAB Recomenda foi divulgada em janeiro de 2001, com 52 cursos. A segunda edição, divulgada em janeiro de 2004, contava com 60 cursos recomendados. A edição de 2007 traz 87 cursos credenciados a receber o selo de qualidade.

Para quem já está fazendo o curso de Direito: quem já está matriculado em uma faculdade de Direito, no entanto, não pode se descuidar. Deve ser exigente quanto à qualidade de ensino, lembrando sempre que a boa formação é o passaporte para o mercado de trabalho. É preciso ficar atento ao corpo docente, quem são os professores, a titulação, a didática em sala de aula e, principalmente, a capacidade que estes profissionais têm de levar o aluno a refletir.

> Hoje a aula não pode ser meramente expositiva, é preciso levar o aluno a questionar o papel do advogado na sociedade.
>
> *Rui Celso Reali Fragoso, ex-presidente da Comissão de Ensino Jurídico da OAB-SP.*

Um dos temas mais debatidos pelo Colégio Brasileiro de Faculdades de Direito nos últimos encontros, com a presença de representantes de 60% das Faculdades de Direito do Brasil, é o fato de que muitos cursos de Direito acabam deixando de lado disciplinas do currículo tradicional para inserir disciplinas relativas à formação básica do aluno que deveriam ter sido vistas no Ensino Médio.

Compensar essas deficiências rapidamente para não chegar ao mercado de trabalho em desvantagem não é tarefa fácil. Mas também não é impossível. Depende da dedicação e do empenho do aluno. A palavra-chave passa a ser conscientização. Um estudante consciente de suas limitações vai fazer de tudo para vencer as barreiras e ter uma carreira de sucesso no Direito.

Em resumo

Antes de ingressar em uma faculdade, procure conhecer melhor a instituição, converse com alunos, ex-alunos, visite as instalações da faculdade, conheça o currículo e verifique a localização, se é próximo de sua casa ou se o acesso é fácil.

Quem já está fazendo o curso de Direito precisa exigir qualidade de ensino, investimentos (biblioteca, professores, plano curricular, etc.) e conscientizar-se das dificuldades pessoais para superá-las.

Além dos cuidados antes de escolher uma faculdade e durante todo o curso, o advogado Rui Celso Reali Fragoso aponta para um detalhe fundamental. É preciso que o estudante veja se realmente gosta da área. Não basta constatar apenas o sucesso financeiro de alguns, é preciso escolher algo que seja agradável, que dê prazer, afinal a profissão acompanha cada um de nós por muitos e muitos anos.

> Para ser um bom advogado, é fundamental gostar de ler, escrever, ter cultura geral e formação humanista.
>
> *Rui Celso Reali Fragoso, ex-presidente da Comissão de Ensino Jurídico da OAB-SP.*

Durante o curso é que o jovem estudante vai conhecendo melhor as diversas áreas de atuação. Aí decidirá que caminho seguir: se pretende fazer um concurso público para se tornar juiz, promotor, delegado ou advogar em escritório próprio ou como funcionário. Há ainda a alternativa de se tornar advogado público, procurador do Estado ou do município. Atuar nas organizações do terceiro setor, entidades de defesa do consumidor, entre outras.

Formação profissional

2.2 Exame de Ordem

Antes de escolher a carreira que deseja seguir no Direito, a maioria dos estudantes, ainda na faculdade, convive com outra preocupação: o Exame de Ordem. Nos últimos anos, os índices de reprovação têm atingido espantosos 70%. Ou seja, de cada dez graduados em Direito em todo o país, apenas três conseguem passar no Exame de Ordem e começar efetivamente a advogar.

Criado na década de 70, o Exame de Ordem é hoje pré-requisito para o Bacharel em Direito exercer a profissão de advogado. Só com a aprovação no exame é que o recém-formado pode se inscrever na OAB, receber o seu número de registro e passar a atuar.

Voltando no tempo

Até o início da década de 70, todo estudante que se formava em Direito simplesmente ia até a OAB e solicitava a sua inscrição, sem ter que passar por qualquer exame ou avaliação. Depois, a Ordem dos Advogados do Brasil passou a avaliar os jovens bacharéis com um exame ou por meio de uma espécie de estágio, ainda na faculdade, em que o estudante era avaliado por professores e membros da OAB. Esses critérios vigoraram até o início dos anos 90. Com o crescimento do número de cursos de Direito em todo o país, em 1996 a Ordem dos Advogados do Brasil decidiu que o Exame de Ordem seria obrigatório para admissão no quadro de advogados. E foi instituída a avaliação atual.

Como é o Exame de Ordem

O Exame está dividido em duas fases:

1ª Fase – o candidato faz uma prova contendo no mínimo 50 e no máximo 100 questões de múltipla escolha, com quatro opções de resposta. Não é permitido consultar livros, apostilas ou cadernos. Os candidatos que não acertarem 50% das questões são eliminados.

2ª Fase – é dividida em duas partes. O candidato deve redigir uma peça profissional (parecer ou petição) em uma área, escolhida no ato da inscrição (Direito Civil, Direito Penal, Direito Comercial, Direito do Trabalho, Direito Tributário ou Direito Administrativo) e mais questões práticas sob a forma de situação-problema (no máximo cinco). Para ser aprovado, precisa obter 60% da nota. É permitida a consulta à legislação, livros de doutrina e repertórios jurisprudenciais durante a prova. A redação da peça profissional sempre tem peso maior que as questões práticas.

O baixo índice de aprovação no Exame de Ordem se deve não só à falta de conhecimento técnico a respeito do Direito, mas também a um problema ainda mais preocupante: a má formação do jovem profissional. Erros graves de concordância verbal, acentuação, ortografia, dificuldades de expressão e falta de organização das ideias são alguns dos problemas mais comuns dos candidatos ao Exame de Ordem.

> Um aluno que tenha se formado em uma faculdade de bom nível, possua uma boa formação humanística, dedique-se ao curso de Direito e, se possível, até faça um estágio na área certamente não vai encontrar dificuldades no Exame de Ordem.
>
> *Sonia Correa da Silva de Almeida Prado, ex-presidente da Comissão de Estágio e Exame de Ordem da OAB-SP.*

Para ela, o problema não se restringe apenas ao Exame de Ordem. A questão é muito mais ampla. Passa pela qualidade do ensino fundamental no Brasil e também pelo grande número de cursos de Direito que começaram a funcionar nos últimos anos.

Como se preparar para o Exame de Ordem

- fazer uma revisão geral do conteúdo das disciplinas mais importantes;
- fazer, a título de exercício, as provas do Exame de Ordem dos anos anteriores (disponíveis na maioria dos sites da OAB de cada Estado);
- ainda durante o curso, buscar um estágio ou uma atividade prática (que vai ajudar na segunda fase do Exame).

Informações básicas a respeito do Exame de Ordem

- pode ser promovido pela OAB até três vezes por ano;
- as orientações básicas são dadas pelo Conselho Federal da OAB, mas cada seccional é responsável pela aplicação e pode fazer pequenas adaptações;

Formação profissional

- no ato da inscrição, o candidato deve comprovar que reside naquele Estado ou que deseja atuar profissionalmente lá;
- é preciso possuir o diploma de graduação em Direito ou documento que ateste a conclusão do curso;
- a OAB cobra uma taxa de inscrição, que varia de Estado para Estado;
- informações práticas a respeito do exame podem ser obtidas em cada uma das seccionais da OAB, em todo o país, ou no site www.oab.org.br;
- se for reprovado, o candidato pode se inscrever e tentar novamente quantas vezes forem necessárias;
- é possível também entrar com recurso, em caso de reprovação.

2.3 Mercado de trabalho

Para quem está se formando em Direito agora, ou nos próximos anos, é importante dizer que a cada ano surgem novas especialidades, novas demandas, novas áreas de atuação.

Dos anos 90 para cá, a advocacia vive um boom. Com a onda de privatizações, veio a primeira onda positiva, depois, com a economia estável e o país se revelando cada vez mais confiável aos olhos dos investidores internacionais, um segundo momento muito positivo. E isso é fácil de compreender; transações econômicas cada vez mais complexas e mais frequentes demandam advogados. Profissionais que não atuam mais como simples resolvedores de problemas jurídicos quando a história se complica; ao contrário, passaram a ser vistos como consultores, inseridos no negócio, e não apenas pagos para dizer se determinada ideia é viável ou não. Espera-se do advogado que ele diga como conduzir os fatos de maneira apropriada para a obtenção do melhor resultado possível.

Essa onda começou nas capitais brasileiras e, no início dos anos 2000, se espalhou pelo interior dos Estados. Cidades de médio porte passaram a contar com bancas profissionalizadas e seguiram contratando mais advogados. Muitas empresas migraram para o interior, movimentando a economia, e outros negócios surgiram radicados fora das capitais. O etanol é um bom exemplo.

Já que estamos falando da interferência da economia no mercado jurídico, é bom que se diga que a renovação é constante, com o surgimento de novas áreas de atuação e transformação de outras, mesmo sendo esta profissão tida como tradicional.

Ganha tempo e conquista clientes quem está antenado com as novas tendências e percebe, antes dos demais, áreas que vão necessitar de profissionais. Afinal de contas, preparar alguém para atuar em Direito do Entretenimento ou Direito Digital leva tempo.

Paralelamente, sabemos também que há um número enorme de faculdades espalhadas pelo país e cada uma delas forma dezenas de alunos por semestre. Por isso, quem quer se destacar e garantir um futuro bem-sucedido profissionalmente precisa: estar bem informado, ter um currículo sólido e diferenciado e uma boa base acadêmica.

Estágio

Um dos caminhos mais indicados para o sucesso profissional começa a ser trilhado ainda na faculdade. Estamos falando do estágio, uma experiência que não só abre as portas do mercado de trabalho ao jovem recém-formado, como também ajuda a definir a carreira a ser seguida. Outro dado importante: quase sempre um bom estagiário, quando formado, será efetivado, se for o caso, ou mais: poderá entrar como sócio de um escritório particular.

O estágio em Direito é regulamentado pela Ordem dos Advogados do Brasil e pode ser feito na própria faculdade, em escritórios experimentais – que são muito interessantes porque, na maioria das vezes, prestam serviços gratuitos à população –, em órgãos públicos, em empresas e em escritórios de advocacia de maneira geral, desde que credenciados pela OAB. Estudantes inscritos em estágios credenciados podem se inscrever na Ordem e receber uma carteira de estagiário. Mas atenção: isso só vale para estágios reconhecidos.

É importante destacar que fazer estágio em um órgão público, como o Ministério Público, por exemplo, pode ser uma ótima oportunidade para o estudante conhecer a rotina de trabalho e verificar se tem interesse ou não em prestar um concurso público depois de formado.

Nos últimos tempos, os estágios em órgãos públicos ganharam um diferencial bastante importante, especialmente para os que se preocupam em levar o curso de Direito a sério: o horário rigoroso. Diferentemente de um escritório de advocacia, que pode exigir do estagiário longas horas extras, em

Formação profissional

um órgão público isso quase nunca acontece. Se o estagiário foi contratado para atuar das 13 às 17 horas, isso raramente vai se alterar.

Estagiários de grandes bancas jurídicas, ao contrário, vivem nos últimos tempos um dilema crucial. A quem servir: ao escritório ou à faculdade? Com a pressão do mercado de trabalho e a pressa de se firmar na área, muitos decidem, equivocadamente, servir ao estágio. Saem da faculdade às 23 horas e voltam para o escritório, são reprovados por frequência, mudam da manhã para a noite diversas vezes, para tentar conseguir uma vaga em outro escritório, e sofrem demais com a ansiedade de querer resolver toda a carreira ainda na faculdade.

O professor Cláudio José Pereira, coordenador do curso de Direito da Pontifícia Universidade Católica – PUC-SP, disse que nunca viu tantos casos de alunos com problemas de desempenho e até de saúde por causa do estágio. Segundo ele, o jovem que fica preocupado demais em se inserir no mercado de trabalho e deixa de lado a formação vai ter problemas no futuro. Mas não vê isso agora.

COMO CONSEGUI MEU ESTÁGIO

Logo que entrei na faculdade, trabalhava como coordenador do departamento fiscal e contábil de uma empresa, mas achei que precisava buscar um estágio na minha área. Não sabia muito como chegar aos grandes escritórios, mas, como as grandes empresas em São Paulo tinham suas respectivas sedes na Avenida Paulista, achei que o mesmo devia acontecer com os escritórios de advocacia. Imprimi, então, uns 40 ou 50 currículos e percorri a avenida de ponta a ponta, dos dois lados. Em cada prédio, parava e perguntava na portaria se ali funcionava algum escritório jurídico. Não me deixavam subir, mas eu pedia que o currículo fosse entregue. Logo depois, fui contatado por alguns escritórios. Um deles foi o Felsberg e Associados. E acabei ingressando lá. Isso foi em 1999.

Rodrigo Prado, aluno de Direito das Faculdades Metropolitanas Unidas (FMU), de São Paulo, começou a carreira como estagiário no escritório Felsberg e Associados.

Cuidados a serem observados quanto ao estágio

- antes de aceitar o estágio, informe-se sobre o tipo de trabalho que irá desenvolver a fim de saber se a experiência vai ajudar a conhecer melhor o funcionamento do Judiciário, andamento de processos, etc.;
- verifique se a sua faculdade é reconhecida pela OAB, caso contrário você não poderá fazer estágio regulamentado;
- dê preferência aos estágios oferecidos por escritórios, órgãos públicos e privados credenciados pela Ordem, só assim é possível solicitar a inscrição na entidade como estagiário;
- tente avaliar se será possível conciliar o estágio e a faculdade sem prejudicar a formação;
- estágio não é sinônimo de status; deve atuar como complementação dos estudos, de preferência como ajuda de custo, e não fonte de renda.

O real valor do estágio está no fato de permitir ao estudante de Direito colocar em prática tudo aquilo que aprendeu e ainda está aprendendo na faculdade. Durante o período de estágio, o estudante pode fazer tudo o que um advogado formado faz, mas agirá sempre em conjunto com um advogado e sob a responsabilidade dele.

> Eu não me sinto na verdade um estagiário; não sou um office-boy de luxo. A grande vantagem do estágio é permitir que o jovem estudante atue como um advogado, faça consultas, prepare documentos, mas sempre com a ajuda dos profissionais mais experientes. Muitas vezes eles nos dizem que argumento devemos usar.
>
> *Estagiário no escritório Felsberg e Associados.*

O estágio é uma boa maneira de conhecer melhor a área escolhida, antes de se formar, e assim verificar se é essa mesma que se deseja seguir.

> O melhor é buscar bons estágios em várias áreas para ver a que mais gosta. Assim, não corre o risco de no futuro desistir do Direito só porque não se adaptou a determinada especialidade.
>
> *Anna Luiza do Amaral Boranga, especialista em administração legal.*

Formação profissional

Grandes escritórios costumam oferecer aos estagiários um sistema de rodízio, ou seja, o estudante de Direito passa por várias áreas dentro do próprio escritório. Tem a oportunidade de conhecer cada uma delas e fazer uma opção mais consciente.

Outra dica importante é começar a estagiar já no 2º ano da faculdade. Só assim o estudante tem tempo hábil para mudar de escritório e de área, se quiser. Um exemplo de sucesso é Daniel Monteiro, que atua na área de fusões e aquisições e também de planejamento fiscal no escritório Demarest e Almeida, um dos maiores do Brasil. Ali, ele ingressou como estagiário e foi contratado logo após a formatura.

> O ideal é ficar pelo menos um ano como estagiário no escritório antes de se formar, o que implica definir o escritório que deseja e a área no 4º ano. Só assim dá para as pessoas conhecerem você e o seu trabalho, para decidirem se vão contratá-lo depois de formado.
>
> *Daniel Monteiro, advogado do escritório Demarest e Almeida, que ingressou como estagiário.*

Mas o processo de seleção de estagiários para escritórios é muito rigoroso, especialmente nos grandes. Nos escritórios de médio porte, quase sempre vale mais a indicação, um amigo que leva o seu currículo, por exemplo.

No Tozzini, Freire, Teixeira e Silva Advogados, um dos maiores escritórios do Brasil, a seleção para estagiários é feita em várias etapas eliminatórias, e os candidatos são alertados no site do escritório. O conhecimento jurídico é medido em uma prova técnica, os jovens participam de dinâmicas de grupo, fazem prova de inglês e, se forem aprovados, são entrevistados por três sócios do escritório. Outro escritório que também contrata muitos estudantes é o Pinheiro Neto, que chegou a ter 200 estagiários. Os candidatos são selecionados e depois têm a oportunidade de atuar nas mais diversas áreas, sempre sob a orientação dos sócios do escritório.

As diferenças entre os grandes e médios escritórios não param por aí. Se por um lado, em um escritório médio, o estudante consegue trabalhar em mais de uma área, porque as equipes são menores, por outro só os grandes escritórios possuem filiais no exterior e oferecem ao estagiário a oportunidade de atuar em outro país por, pelo menos, alguns meses.

> A receita para conseguir um bom estágio é ser dedicado, mostrar empenho e interesse. Sei que sou um sujeito de sorte porque a maioria dos estagiários nos grandes escritórios veio de faculdades tradicionais, PUC, USP e alguns do Mackenzie, pouca gente veio da FMU, como aconteceu comigo. Mas não acho que a faculdade seja determinante, não adianta ser aluno de uma escola tradicional e não ser aplicado.
>
> *Estagiário no escritório Felsberg e Associados*

Algumas faculdades, preocupadas com o espaço que o estágio vem ocupando na vida dos estudantes, também decidiram participar mais desse momento da vida do aluno. Assim, organizam eventos para debater o tema, chamam empresas e escritórios interessados em seus alunos para conversar e apontam aos estudantes quais são as melhores ofertas para a área de interesse de cada um. Nem todo mundo tem que fazer estágio em escritório de advocacia. Ainda na universidade, pode surgir a vocação para a carreira pública, para a vida acadêmica, para a pesquisa, etc.

Atuação profissional

Depois de formado, o jovem advogado tem várias opções: prestar um concurso público, buscar um emprego em uma empresa, uma vaga em um escritório de médio ou grande porte ou, até mesmo, abrir escritório próprio. A escolha, quase sempre, é feita com base nos sonhos e anseios de cada um, mas é preciso levar em conta também as características pessoais. Aqueles que preferem uma vida mais estável, com um salário fixo e a aposentadoria garantida, podem decidir fazer um concurso público. Outros vão preferir trabalhar em grandes escritórios, esperar tornarem-se sócios um dia e alcançar um bom rendimento financeiro. A escolha depende da personalidade de cada um, dos próprios sonhos e também da realidade em que se está inserido.

Montar o próprio escritório

Por exemplo, quem vive em cidades menores, no interior dos Estados, onde o mercado ainda não está saturado, pode pensar em abrir um escritório pequeno e ir crescendo aos poucos.

Formação profissional

> Nas grandes metrópoles, o mercado está mais saturado. Para montar um escritório, só se for em um grupo de dez advogados, caso contrário é muito pequeno.
>
> *Anna Luiza do Amaral Boranga, especialista em administração legal.*

A exceção fica por conta de cidades como Macaé, no Estado do Rio de Janeiro, que vem atraindo grandes escritórios de advocacia interessados em atender as empresas de petróleo e gás, e outras cidades com economia agrícola ou ênfase na exportação de produtos. Alguns grandes escritórios também já estão de olho em cidades menores, investindo inclusive na abertura de filiais.

COMO MONTEI MEU ESCRITÓRIO

> Decidi pela advocacia privada por exclusão. Durante os estágios da faculdade, concluí que não gostava do serviço público. Além dos salários não serem atraentes, a magistratura também não me agradava. Já havia tido duas experiências antes de começar com o meu escritório, trabalhando em escritórios como advogada júnior. Então vi que gostaria de ter mais independência, construir minha carreira e ganhar meus próprios honorários. Isso foi mais ou menos um ano e meio depois de graduada, então me associei a uma advogada e, durante os quatro anos seguintes, trabalhamos no escritório de outro advogado. Quando estávamos com cinco anos de sociedade, abrimos nosso escritório. Hoje atuo na área civil, principalmente família e sucessões."
>
> *Cecília Fazza, advogada com escritório em Juiz de Fora, MG.*

Hoje, embora ainda haja certa resistência, o escritório de advocacia já é visto como um negócio. Precisa ser bem administrado para se tornar rentável. Não adianta apenas ter talento ou gostar do Direito. Capacidade de gerenciamento do negócio é também fundamental. Então, na hora de montar, é bom contar com ajuda de profissionais especializados, arquitetos, bibliotecário, decorador, etc. e já ir pensando em alguém para cuidar da administração. Há casos em que o marido é advogado e a mulher, responsável pela administração do escritório. E isso funciona muito bem. Outras bancas descobrem que é preciso contar com um administrador legal, um profissional formado em administração de empresas, especializado em cuidar de escritórios jurídicos. Algo comum na Europa e, principalmente, nos Estados Unidos.

Outro tabu entre os advogados é a questão da divulgação. O código de ética da OAB proíbe a publicidade, mas alguns detalhes não ferem a ética e podem ajudar muito na imagem do escritório para os clientes: a escolha do nome, por exemplo, que vai representar a marca do escritório, um fôlder com a descrição do escritório e dos serviços oferecidos e até a divulgação propriamente dita, através de apoios institucionais a congressos e seminários, publicação de artigos, etc. Grandes bancas já perceberam a importância da comunicação e contam com departamentos de marketing profissionalizados; outras, lamentavelmente, ainda resistem.

> Para a advocacia, especificamente, é preciso capacidade de captar clientes dentro do foco de atuação do advogado, senso diplomático para lidar com os diversos escalões do judiciário, ética, sensibilidade para perceber as mudanças sociais e econômicas, gosto pelo estudo e pela leitura, capacidade de administrar e planejar a carreira, pois um escritório próprio não se constrói rapidamente.
>
> *Anna Luiza do Amaral Boranga, especialista em administração legal.*

Quem pensa em abrir o próprio escritório não deve esquecer que qualquer negócio próprio exige muita dedicação.

Ingressar em um grande escritório

Nos grandes escritórios, porém, a trajetória é diferente e as preocupações são outras. O sonho de todo advogado é chegar a sócio, pois isso é sinônimo de status. Mas o começo quase sempre é por meio de estágio. Grandes escritórios chegam a buscar estagiários nas melhores faculdades. Depois de formado, há duas opções para o estagiário, dependendo do escritório: ser contratado, com todos os benefícios que a legislação determina, ou se tornar associado, pela assinatura de um contrato entre as partes. Passados alguns anos, então, é que pode surgir a oportunidade de se tornar sócio.

> A tendência é oferecer sociedade aos advogados porque o escritório se livra dos encargos trabalhistas. Para o advogado, por sua vez, é vantajoso porque não só paga menos Imposto de Renda, como também consegue ganhar mais. Não ter sócios é limitar o crescimento do escritório.
>
> *Anna Luiza do Amaral Boranga, especialista em administração legal.*

Formação profissional

Em termos de remuneração, os advogados contratados recebem salários e mais uma série de benefícios (férias, 13º salário, etc.), mas são uma espécie em extinção. Os associados, normalmente, têm uma renda fixa e ganham uma participação nos lucros. A forma de remunerar um sócio varia muito, mas normalmente é resultado de uma combinação entre a participação societária e o desempenho do profissional.

Para acelerar o sucesso profissional e se tornar sócio ainda mais rápido, muitos advogados recorrem ao tradicional troca-troca de escritórios. Não é raro, como em todas as áreas, um escritório concorrente fazer uma oferta para atrair determinado advogado para sua equipe. Nessa mudança, o profissional leva sempre alguma vantagem salarial e vai queimando etapas, ou seja, consegue chegar mais rapidamente a associado ou sócio.

Nos últimos anos, com as mudanças econômicas aceleradas e o boom da advocacia, muitos advogados, sócios de bancas consolidadas, partiram em voo solo e decidiram montar seus escritórios. Assim, colocaram em prática projetos antigos e puderam trabalhar com mais liberdade.

Trabalhar nos departamentos jurídicos de empresas

Na década de 80, quase toda empresa possuía um departamento jurídico, e muitos deles eram enormes, chegavam a ter 100 profissionais. Os custos, obviamente, eram elevadíssimos e muitas empresas optaram por fechar esses departamentos e terceirizar os serviços jurídicos. Hoje, as empresas viram que a terceirização também custa caro e estão voltando aos departamentos jurídicos, mas com perfil diferente. Surge aí outra alternativa, também interessante para jovens recém-formados, que é atuar em departamentos jurídicos de empresas.

> Os departamentos jurídicos estão renascendo e oferecem ao jovem advogado uma experiência diferente.
>
> *Anna Luiza do Amaral Boranga, especialista em administração legal.*

No novo modelo, os departamentos são mais enxutos, podem lançar mão de serviços terceirizados quando necessário, mas, ao mesmo tempo, oferecem um bom salário aos advogados em começo de carreira, além de benefícios. A exigência acaba sendo, como em qualquer área, a atualização constante nos assuntos jurídicos e conhecimento do ramo de negócio da empresa.

> Um ponto importante para o advogado se dar bem em uma empresa é a "flexibilidade" ou a capacidade de se adaptar a novas situações, como, por exemplo, mudança da diretoria. Manter um bom relacionamento profissional com os colegas e outros profissionais da empresa também é muito importante.
>
> *Isabela Porto, advogada no Rio de Janeiro.*

O risco de quem faz opção por desenvolver a profissão em empresa é se acomodar na mesma companhia e, aos 40 ou 50 anos, ser demitido. Outro alerta importante diz respeito à rotina. Houve um tempo em que se acreditava que o advogado de empresa trabalhava menos, tinha uma vida mais regrada. As coisas mudaram, empresas globalizadas funcionam vinte e quatro horas por dia e decisões precisam ser tomadas. O advogado que trabalha em corporações há muito não está mais restrito ao departamento jurídico, ao contrário, está inserido no centro de poder, presente nas tomadas de decisão.

Com estruturas enxutas e uso de mão de obra terceirizada, muitos departamentos jurídicos trabalham com escritórios contratados. Bancos já tiveram cerca de 300, depois reduziram para menos de 100. Mesmo assim, é preciso criar regras e critérios claros para gerir tudo isso e controlar resultados e qualidade.

COMO VIM A TRABALHAR EM UMA EMPRESA

> Depois de fazer alguns estágios durante a faculdade, na Procuradoria da República e no Fórum, comecei a exercer realmente a advocacia em escritório particular. Depois, decidi que queria ter a experiência de trabalhar no departamento jurídico de uma empresa. Tinha vontade de trabalhar em um ambiente maior, com áreas e profissionais diferentes. Optar por uma empresa traz vantagens ou desvantagens, como em todas as áreas, mas a escolha deve levar em conta a personalidade de cada pessoa e suas ambições.
>
> *Isabela Porto, advogada no Rio de Janeiro.*

Para quem está saindo agora da faculdade, há várias alternativas. Aquela que se apresenta como melhor para uma pessoa não será necessariamente boa para outra. Procure ver a proposta que mais se encaixa no seu perfil profissional e faça a sua opção, sem medo de errar. Afinal, é possível, e até saudável em alguns casos, mudar de emprego, de empresa ou de escritório.

Formação profissional

Prestar um concurso público

Outra alternativa para quem sai da faculdade é prestar um concurso público e tornar-se juiz, promotor, procurador, advogado público ou delegado. As carreiras públicas atraem muito em função dos salários fixos, estabilidade, etc. Ainda mais em tempos de internet, quando o tema ganhou não só mais visibilidade, com inúmeros sites relacionados ao assunto, como mais transparência. Na web, é possível pesquisar concursos, ver editais atuais e antigos, ter acesso a provas já aplicadas. Enfim, inteirar-se do assunto e motivar-se para a carreira pública. Mas, a partir do momento em que se faz essa escolha, é preciso preparar-se para os concursos.

> Para passar em um concurso, é preciso não só estudar muito, mas saber o que estudar. Muitos jovens formados em Direito têm dificuldade na construção do raciocínio diante de problemas jurídicos.
>
> *Carlos Eduardo Bobri Ribas, diretor do Complexo Jurídico Damásio de Jesus.*

Os concursos, de maneira geral, são divididos em três fases. Na primeira, questões de múltipla escolha. Na segunda, dissertação sobre um tema e mais cinco questões também dissertativas. A terceira e última fase se resume ao exame oral. Por isso, além de estudar muito, o aluno deve se preocupar com a caligrafia, a expressão oral e a apresentação pessoal. Em alguns casos, a preparação para o concurso pode incluir aulas de caligrafia e, quem sabe, uma visita ao fonoaudiólogo.

> Pela experiência que tenho, posso dizer que os alunos dos cursos preparatórios para concursos dividem-se em três grupos. Em primeiro, estão aqueles que fizeram estágio ou têm algum parente juiz ou promotor e já sabem o que desejam. Depois, vem aquele grupo de pessoas que sonha com a estabilidade e quer fazer um concurso para conquistar um emprego público. E, por fim, temos os jovens que saíram da faculdade há pouco tempo, não sabem o que querem e decidem prestar um concurso público.
>
> *Carlos Eduardo Bobri Ribas, diretor do Complexo Jurídico Damásio de Jesus.*

Há duas alternativas para ser aprovado em um concurso: estudar por conta própria ou matricular-se em um dos inúmeros cursos preparatórios disponíveis.

A primeira alternativa pode ser mais econômica, mas vai exigir uma boa dose de disciplina. Quem estuda em casa o dia inteiro muitas vezes distrai-se com o telefone que toca, com a campainha ou acaba transformando-se no motorista da família, no "quebra-galho" de todos. Por tudo isso, muita gente que quer ser aprovada em um concurso procura um curso preparatório e acaba optando por estudar o dia inteiro nesses cursos.

Há algum tempo, acreditava-se que, em média, depois de concluir o curso de Direito, fosse preciso estudar durante um ano para ser aprovado em um concurso público. Hoje, especialistas preferem evitar este tipo de cálculo. A ideia deve ser estudar até passar, não para passar. O tempo vai depender da dedicação, da área escolhida e da formação prévia do candidato.

O planejamento é individual, claro. Especialistas recomendam doze horas de estudo por dia e dedicação exclusiva. Quem só tem a oportunidade de estudar nos fins de semana, porque precisa trabalhar, também tem chance de ser aprovado, só que vai levar mais tempo. Para acelerar o processo, alguns estudantes, ainda no último ano de Direito, já começam a se preparar para prestar o concurso tão logo terminem a graduação.

Algumas instituições de graduação, como o Damásio de Jesus, em São Paulo, tradicionalmente um curso preparatório, agora, com um curso de Direito, tentam desenvolver essa visão de como se preparar para concursos públicos ainda na faculdade, não deixando esse pensamento apenas para depois da formatura. Parece dar resultados.

Atuar no terceiro setor

Jovens profissionais também podem olhar com bons olhos o chamado terceiro setor, um campo vastíssimo de trabalho que tende a crescer ainda mais nos próximos anos. O terceiro setor é composto de organizações não governamentais, associações, cooperativas e fundações sem fins lucrativos, muitas vezes criadas com apoio de empresários. São entidades ligadas às áreas de direitos humanos, políticas públicas, questões agrárias, questões urbanas, meio ambiente, ecologia, direito das crianças, saúde, fome, etc.

Na verdade, criar entidades não governamentais foi a forma encontrada pelos cidadãos, no mundo inteiro, para se mobilizar, cobrar ações do poder público e agir por conta própria. Entre essas entidades, podemos citar algumas mais famosas, como o Greenpeace, a Anistia Internacional, Fundação SOS Mata Atlântica, WWF e muitas outras. Mas existem inúmeras organizações, desconhecidas algumas vezes, embora muito atuantes em suas comunidades. E todas elas, claro, precisam contar com mão de obra especializada, incluindo advogados, que podem ser funcionários contratados, consultores ou até voluntários.

Antes de decidir se deseja ou não atuar no terceiro setor, um advogado recém-formado deve procurar conhecer as áreas que lhe interessam e

Formação profissional

então entrar em contato com as entidades ligadas a essas áreas. É bom saber nem todas as ONGs ficam no Sudeste, segundo pesquisa realizada pela Abong, entidade que reúne mais de 200 organizações desse tipo. Ou seja, o terceiro setor é uma alternativa também para quem não está no eixo Rio-São Paulo.

Em termos de rendimentos, ao contrário do que se pensa, trabalhar em uma ONG nem sempre é sinônimo de baixos salários. Muitas dessas organizações são financiadas por agências internacionais de cooperação e só com esses recursos do exterior é possível viabilizar projetos, pagar funcionários, consultores, etc. Portanto, quem se interessa pelo terceiro setor deve começar ainda na faculdade a pesquisar, visitar entidades ligadas à sua área de interesse e, quem sabe, até fazer um estágio para conhecer melhor.

Sites úteis

www.abong.org.br (Associação Brasileira de Organizações Não Governamentais)
www.rits.org.br (Rede de Informações para o Terceiro Setor)
www.cptnac.com.br (Comissão Pastoral da Terra)
www.redesaude.org.br (Rede Nacional Feminista de Saúde, Direitos Sexuais e Direitos Reprodutivos)
www.fundabrinq.org.br (Fundação Abrinq pelos Direitos da Criança e do Adolescente)
www.fides.org.br (Fundação Instituto de Desenvolvimento Empresarial e Social)
www.unicef.org (Fundo das Nações Unidas para a Infância)

2.4 O QUE OS "CAÇADORES DE TALENTO" PROCURAM

Em qualquer área, quando uma empresa precisa de um funcionário especializado, muitas vezes recorre a uma empresa de recrutamento ou aos chamados caçadores de talentos (em inglês headhunters). São eles, muitas vezes, que vão pesquisar e encontrar no mercado de trabalho aquela pessoa que se encaixa perfeitamente na necessidade da empresa. Mas, nos últimos anos, com a profissionalização dos escritórios de advocacia, as empresas de contratação começam a ser requisitadas também pelas principais bancas de advogados.

Hoje, grandes escritórios possuem departamento de recursos humanos, planos de carreira para seus advogados e, quando precisam de um profissional especializado, recorrem a uma empresa de seleção e contratação. A

Michael Page, especializada nessa área, possui um departamento Tax & Legal e promoveu mais de 150 contratações de advogados só nos primeiros três anos de atuação no Brasil, desde juniores até vice-presidente jurídico. Para escolher o profissional mais adequado, o caça-talento leva em conta as responsabilidades inerentes à função e o perfil pessoal e técnico recomendados.

Para quem está do outro lado, ou seja, procurando uma boa colocação no mercado de trabalho, o importante é saber como agem os caçadores de talentos e o que é possível fazer, ainda na faculdade, para tornar o currículo competitivo. Veja o que diz Rodrigo Forte, consultor sênior do departamento Tax & Legal, da Michael Page no Brasil, que entrevista semanalmente de 15 a 20 advogados:

- a faculdade em que o candidato se formou é importante somente para jovens advogados, sem muita experiência profissional ainda. Com o tempo, o peso da faculdade diminui no currículo;
- a preocupação com o desenvolvimento da carreira ainda durante a graduação é fundamental e isso pode ser feito com estágio, já no 2º ano do curso de Direito, e também com os cursos paralelos;
- é importante ter um equilíbrio entre formação acadêmica e experiência prática;
- inglês é pré-requisito e muitas entrevistas para contratação são feitas nesse idioma;
- dominar qualquer outro idioma é vantajoso;
- pós-graduação é fundamental, mas, especialmente nos casos de mestrado e doutorado, é importante que o advogado tenha alguma experiência profissional antes de iniciar o curso.

Se o currículo é bom, o candidato pode ser chamado para uma entrevista, em que novamente será avaliado. Veja algumas dicas importantes:

- em uma entrevista para um novo emprego, um advogado deve estar sempre bem vestido, com cabelos cortados e ótima apresentação;
- para os homens, o terno escuro é uma boa alternativa, para mulheres, tons pastéis ou preto;
- é importante ser elegante e, ao mesmo tempo, sóbrio;
- capacidade de comunicar-se bem é fundamental; saber falar da própria carreira, dos projetos que desenvolveu e dos que almeja desenvolver.

O que um caçador de talento verifica em um candidato, além do currículo

- apresentação
- capacidade de comunicação
- potencial

Na hora de preparar o currículo, é importante também tomar alguns cuidados. Em primeiro ligar, nada de currículos extensos demais e desorganizados. Uma ou duas páginas costumam ser suficientes, pois, se a empresa desejar algo mais detalhado, pode solicitar. Uma boa sugestão para organizar as informações é a seguinte: dados pessoais, objetivo, qualificações, graduação e experiência profissional. A sobriedade exigida na apresentação pessoal é válida também para o currículo. Nada de exageros, elogios a si mesmo ou objetivos pouco claros. Profissionais que topam qualquer coisa não são bem vistos em nenhuma área.

Muitos escritórios e empresas possuem bancos de talentos, ou seja, todo o cadastro é feito on-line, o que demanda tempo, mas pode dar um bom retorno.

Tipos de recrutamento

- **Executive Search** – o caça-talento contratado por uma empresa ou escritório de advocacia vai em busca de um profissional para uma determinada função.

- **Outplacement** – quando um profissional contrata uma consultoria para ajudá-lo a conseguir uma nova colocação no mercado de trabalho. Empresas também contratam esse tipo de serviço quando vão demitir alguém e querem ajudá-lo a encontrar nova colocação no mercado.

2.5 Habilidades necessárias

Oratória

Todos nós sabemos que é preciso comunicar-se bem para obter sucesso profissional. Ainda mais nas especialidades jurídicas.

Uma das formas de aperfeiçoamento nessa área eram, há até algum tempo, os famosos cursos de oratória. Um dos cursos mais disputados era o ministrado pelo professor Oswaldo Melantonio.

O **Instituto Melantonio**, criado em 7 de setembro de 1944, foi a primeira escola de oratória do Brasil. Por ali passaram alguns dos mais famosos professores de oratória de hoje. Comandado por Oswaldo Melantonio, o instituto funcionou por cinquenta anos, teve mais de 300 mil alunos e inovou o ensino da oratória no país. Já na década de 70, eram utilizados métodos de diagnóstico dos alunos com videoteipe e o famoso check-up da expressão corporal e oral, aplicado pelo professor Melantonio, e que avaliava dezenas de itens: sonoridade, intensidade, dicção, timbre, nervosismo, entusiasmo, erudição, vigor, cacoetes, etc. Foram alunos do Instituto Melantonio: Franco Montoro, Olavo Egydio Setúbal, Mario Covas, Reinaldo Polito, entre outros.

Em resumo

- **Eloquência** – é a capacidade de sensibilizar, emocionar para convencer com facilidade. É o também chamado coeficiente emocional.
- **Retórica** – é o conjunto de regras que constituem a arte de bem dizer.

O melhor orador é aquele que fala bem, fez cursos de oratória, mas é natural, espontâneo, ninguém percebe que ele utiliza técnicas para se comunicar. E cada um de nós, não dá para negar, enfrenta uma barreira: timidez, dicção ruim, nervosismo, postura, desorganização das ideias, etc.

> Não há um só professor de oratória que não tenha sido meu aluno. Muitos, depois que fechei a escola, me procuravam e pediam para ter aulas, queriam dizer que tinham sido meus alunos. Mas o que é falar bem? É saber para quem estamos falando. Quem manda no orador é o ouvinte. Por isso, quando está com o cliente, o advogado usa uma oratória coloquial, da conversação. Diante do juiz, a oratória é protocolar, formal, necessariamente serena. Não pode ter eloquência, somente retórica.
>
> *Oswaldo Melantonio, professor de oratória.*

E podemos ir mais longe ainda. O operador de Direito, hoje, precisa saber comunicar-se com o cliente, entrar na linguagem empresarial, por

Formação profissional

exemplo, porque o executivo não quer saber de leis, jurisprudências, ele quer ser informado, de maneira objetiva, a respeito dos caminhos por onde seguir ou não seguir nos negócios.

O segredo do sucesso, segundo Oswaldo Melantonio (válido até para inibidos)

1) saber o que falar
2) saber quando falar
3) saber quanto falar
4) saber o jeito de falar/como falar
5) saber quando calar

Em seus programas desenvolvidos no Instituto Melantonio e depois em aulas particulares, Oswaldo Melantonio mostrava, já na primeira aula, que o bom orador precisa, em primeiro lugar, ganhar a atenção do seu interlocutor, despertar o interesse e a boa vontade dos ouvintes em relação a si mesmo e ao assunto a ser tratado, saber estabelecer o tema e os propósitos de sua fala (quantas vezes ouvimos comentários do tipo: nem sei do que este sujeito está falando!). E ainda dava dicas fundamentais para obter sucesso na tarefa. Uma das dicas é criar suspense ou despertar a curiosidade dos ouvintes. Outra, também muito útil, é apresentar um problema, usando fatos reais ou até mesmo a imaginação. Para o professor, um pouco de humor, filosofia e provocações, tudo muito bem dosado, pode ajudar. Mas atenção para os conselhos de quem entende de oratória: nunca se valorizar muito ou se desvalorizar, tampouco oferecer desculpas ou explicações a respeito dos seus defeitos, falhas ou falta de preparo para falar.

Dicas para falar bem

1) organizar as ideias
2) buscar informações sobre o tema
3) fazer um roteiro dividindo a fala em começo, corpo do discurso e conclusão

Saber falar bem sempre foi a preocupação dos profissionais de Direito e os motivou a buscar cursos de oratória, independentemente da carreira que gostariam de seguir. Mas como fazer para ter postura, saber trabalhar a emoção, ter capacidade de argumentação, de improvisação, saber se movimentar diante de um júri? Recentemente, advogados, juízes e promotores descobriram que cursos de teatro podem ajudar nessa empreitada. Isso mesmo, cursos de teatro, aqueles destinados à formação de atores para teatro, cinema e televisão. Os profissionais do Direito, nesses programas, aprendem a trabalhar a imagem, a vencer a timidez e a desenvolver a capacidade de persuasão.

No Rio de Janeiro, uma escola de atores passou a receber, além de profissionais da comunicação, tantos advogados entre seus alunos que montou um programa específico para esses profissionais. O advogado carioca Allan Magalhães foi um dos inscritos e hoje atua como professor na escola, ao lado de Sonaira d'Ávila, atriz, que já trabalhou como produtora e pesquisadora de elenco da Rede Globo e hoje é professora da Universidade Estácio de Sá. Para ela, muitos advogados acham o curso de oratória muito formal e buscam outro tipo de ajuda.

Na Studio Escola de Atores, quase todas as aulas são gravadas e o aluno tem a oportunidade de ver como está se saindo nas mais diversas situações simuladas, diante do cliente, do júri e de grandes plateias. "Só assim os cacoetes, a maneira de movimentar as pernas e a postura diante dos outros é observada", explica a atriz Sonaira. Segundo a atriz, advogados vivem interpretando e no curso aprendem como fazer isso nas situações em que mais precisam, simulando o dia a dia profissional.

Os efeitos são tão positivos que empresas contratam cursos de teatro para departamentos jurídicos inteiros, como forma de preparar os advogados para lidar com situações diversas, mas também de permitir integração entre os profissionais. O palco liberta talentos e torna todos mais unidos, aumentando inclusive a produtividade. Em São Paulo, programas como este são oferecidos pelo TUCA, o teatro da PUC (Pontifícia Universidade Católica).

Teste seu poder de comunicação e de liderança

Para aprender mais sobre oratória, o professor Oswaldo Melantonio gostava de analisar o comportamento de grandes homens e atribuir notas a cada um deles em 17 itens, depois tirar uma média, classificando cada um. Gandhi recebeu uma das maiores notas – 97 –, seguido de Juscelino Kubitschek, com 94. Faça o teste você mesmo e veja qual a sua média.

Em cada item, faça uma avaliação pessoal sincera, levando em conta sua reação diante de eventos reais e recentes, e atribua uma nota a si mesmo que varia de 0 a 100. Depois, some todas as notas e divida por 17 para obter o resultado final:

1. Objetivo principal definido
2. Confiança em si mesmo
3. Hábito de economizar
4. Iniciativa e liderança
5. Imaginação
6. Entusiasmo
7. Autocontrole
8. Hábito de fazer mais do que se é pago para fazer
9. Personalidade agradável
10. Pensar com segurança
11. Concentração
12. Cooperação
13. Tirar proveito dos fracassos
14. Tolerância
15. Regra de ouro: "querer é poder"
16. Comunicação escrita
17. Comunicação verbal (formal e informal)

Total: (divida o valor obtido por 17)
Média final:

Língua portuguesa

Quem quiser trilhar uma carreira de sucesso no Direito, seja na área privada ou por meio de concurso, precisa dominar muito bem a língua portuguesa. Isso não se discute.

No entanto, para alguns, ainda prevalece a teoria de que a forma de comunicação no Direito é diferente, que a carreira pressupõe o uso de um vocabulário específico e, mais, que a construção da frase jurídica é diferente da frase literária. Ou seja, uma corrente ainda defende que é preciso conhecer e se aprofundar no chamado português jurídico. Algumas faculdades oferecerem até a disciplina nos cursos de graduação.

O pensamento já não é mais unânime. Juízes, promotores e, principalmente, advogados vinculados ao mundo empresarial repudiam esse linguajar criticamente apelidado de "juridiquês" e defendem o uso da língua portuguesa de maneira clara e fácil de ser compreendida.

Português jurídico

De acordo com Regina Toledo Damião, professora de Português Jurídico na Universidade Presbiteriana Mackenzie, em São Paulo, a forma de comunicação usada no Direito é diferente da comunicação coloquial. O vocabulário específico é muito amplo, advogados usam, frequentemente, o latim, e a construção de frases também é feita de outra forma. Isso não quer dizer que o advogado fale dessa forma mais elaborada com seus clientes, amigos e familiares. Mas um profissional que queira crescer na profissão, seja em um escritório ou no serviço público, precisa dominar essa linguagem e saber como e quando se expressar nela.

Como aperfeiçoar o português jurídico

- buscar corrigir as deficiências de aprendizado da língua portuguesa, se houver
- fazer um curso de português jurídico propriamente dito
- ler muito os autores da área que pretende seguir
- observar a forma de escrever desses autores
- ler não só livros e artigos, mas também jurisprudências, sentenças, petições

Se as exigências já são grandes para quem quer atuar como advogado, elas são muito maiores para prestar um concurso. Desconhecer algumas regras próprias do português jurídico pode significar reprovação na certa. A valorização profissional do advogado, muitas vezes, está associada à sua capacidade de expressão, oral e escrita.

> No diálogo durante uma audiência, por exemplo, um juiz usa uma linguagem: na hora de redigir a sentença, outra. Veja o termo: Vossa Excelência. Juridicamente não podemos abreviar e, se estamos nos referindo ao juiz, temos que usar maiúsculas. Quem não sabe dessas coisas está fora da profissão, é como um código de segredo.
>
> *Regina Toledo Damião, professora da Universidade Presbiteriana Mackenzie, em São Paulo.*

Formação profissional

O bom domínio do idioma ajuda também o advogado na argumentação. A professora Regina Toledo Damião, bacharel em Direito e licenciada em Letras, mostra que a construção influencia o discurso. Veja o exemplo: o réu matou a vítima, embora tenha agido em legítima defesa, diria a acusação. Já a defesa diria: Embora tenha agido em legítima defesa, o réu matou a vítima. São sutilezas, importantíssimas em determinada situação, mas que exigem um amplo domínio da língua portuguesa. E, obviamente, conhecimentos de lógica e argumentação.

O grande risco, no entanto, na opinião do juiz Pedro Inácio da Silva, vice-presidente do Tribunal Regional do Trabalho, 19ª Região (Maceió – AL), é cair na reprodução do erro. Repetir expressões erradas, achando que está falando "bonito" e aí trocar meritíssimo por meretíssimo, ou soar terrivelmente pedante, ao exagerar nos termos em latim, por exemplo.

> Eu acredito numa formação mais completa do profissional de Direito como alternativa para melhorar a escrita e a fala. A literatura, a filosofia e a sociologia do Direito ajudam a ampliar a visão de mundo de cada um de nós, e isso vai se refletir na qualidade do texto.
>
> *Pedro Inácio da Silva, vice-presidente do Tribunal Regional do Trabalho, 19ª Região (Maceió – AL).*

Em relação aos textos longos, cheios de citações, o juiz Pedro Inácio da Silva também tem ressalvas e nos dá o testemunho de sua experiência.

> As pessoas já não têm tanto tempo para leitura e, com a internet, ficou mais fácil inserir vários trechos de outras obras, bastando apenas usar as ferramentas de copiar e colar do microcomputador. Vemos artigos de dez páginas que, se reduzidos, ficariam ótimos com três páginas, no máximo.
>
> *Pedro Inácio da Silva, vice-presidente do Tribunal Regional do Trabalho, 19ª Região (Maceió – AL).*

Mas nem todos os professores concordam com a formalidade do chamado português jurídico. Há, na verdade, diversas correntes.

> É certo que o profissional de Direito precisa dominar um vocabulário próprio, ser formal, mas é preciso limpar o texto, torná-lo mais objetivo. A nova geração de advogados que chega agora ao mercado deve ter uma nova atitude. Há muitos processos na Justiça e os textos têm que ter leitura fluente.
>
> *Maria Tereza de Queiroz Piacentini, professora especializada no ensino de língua portuguesa para advogados.*

Advogados que tiveram experiência com grandes corporações e lidaram no dia a dia com executivos descobriram que a simplicação da linguagem é uma necessidade. Muitos diretores de empresas desejam que o parecer do departamento jurídico seja redigido na ordem inversa, com o fato mais importante no começo, não no final. Alguns advogados afirmam que as empresas pedem que os pareceres sejam feitos em slides, para apresentação em PowerPoint. Ou seja, tudo direto, simples e fácil de ser compreendido.

Sugestões de leitura

Português jurídico, de Nelson Maia Schocair.
Português jurídico: prática aplicada, de Marcelo Paiva.
Nossa gramática: teoria e prática, de Luiz Antonio Sacconi.
Nova gramática do português contemporâneo, de Celso Cunha e Luís F. Lindley Cintra.
Curso de português jurídico, de Antonio Henriques e Regina Toledo Damião.
Português no Direito, a linguagem forense, de Ronaldo Caldeira Xavier.

Inglês jurídico

No mundo globalizado em que vivemos, saber inglês é essencial. Para os advogados, no entanto, quase sempre é preciso ir mais além e dominar o chamado inglês jurídico. Ou seja, ser capaz de ler e redigir contratos em inglês, negociar e, principalmente, dominar o vocabulário técnico do Direito. Grandes escritórios exigem cada vez mais que seus advogados tenham domínio do inglês jurídico e, para atender a essa demanda, já existem no Brasil alguns cursos e escolas especializadas no ensino de inglês jurídico. Um exame criado na Inglaterra para medir o nível de conhecimento, o Toles (Test of Legal English Skills), também pode ser feito aqui no Brasil. Um bom resultado nesse exame, com certeza, valoriza o currículo de um advogado.

Formação profissional

> Dependendo da área de atuação do advogado, em escritórios de médio ou grande porte e em empresas, por exemplo, ele vai certamente atender corporações que se relacionam com outras empresas no exterior e vai precisar dominar o inglês jurídico.
>
> *Bjarne Vonsild, um dos sócios da Article 1, uma escola especializada no ensino de inglês jurídico, situada em São Paulo.*

A ideia de criar uma escola voltada exclusivamente para o ensino do inglês jurídico surgiu quase por acaso. Dominic Minett, um advogado inglês que se casou com uma brasileira e veio morar no Brasil, dava aulas em uma escola de idiomas e percebeu que, quando as pessoas descobriam que ele era advogado, logo pediam que desse aulas específicas para profissionais dessa área. Vonsild, que é dinamarquês, atuava como "teacher trainer" na mesma escola de Dominic Minett, quando foi chamado por ele para montar a Lex English, hoje Article 1. Isso foi em 1996.

> O mais complicado era treinar professores para a nova escola, logo descobrimos que era impossível transformar em professor de inglês jurídico quem não era advogado. Em pouco tempo, descobrimos que a proposta de criar uma escola especializada no ensino de inglês jurídico era muito boa e havia um grande mercado. O Direito é a única profissão que precisa de um conhecimento de inglês específico. Na Medicina, por exemplo, a maioria dos termos vem do latim, em Marketing os termos são universais. No Direito, mesmo quem tem inglês fluente não consegue trabalhar.
>
> *Bjarne Vonsild, um dos fundadores da Lex English, uma escola especializada no ensino de inglês jurídico, situada em São Paulo.*

Hoje, existem outras escolas habilitadas para oferecer cursos de inglês para advogados, algumas delas bastante conhecidas no ensino de inglês para todas as idades.

A outra novidade é que agora, além do Toles, existe outro certificado, o Ilec, International Legal English Certificate, desenvolvido por Cambridge Esol, da Universidade de Cambridge, na Inglaterra, e classificado como o primeiro certificado de inglês jurídico de reconhecimento internacional. Cambridge, aliás, oferece diversos outros certificados muito conceituados em todo o mundo, como o FCE (First Certificate in English) e o Proficiency.

Seu futuro em Direito

Os cursos preparatórios para prestar o exame são oferecidos pela Cultura Inglesa em todo o Brasil, em salas de aula convencionais ou em programas *in company*.

De maneira geral, para dominar o inglês jurídico, especialistas recomendam a um advogado, que já tenha nível intermediário de conhecimento do idioma, um curso de noventa a cem horas. Ou seja, um programa de oito meses de duração com três horas de aulas por semana. Quando há interesse apenas em um determinado assunto, o curso de inglês jurídico pode ser mais breve. Com oito horas de aulas, pode-se tratar de inglês para contratos, por exemplo.

Além de cursos de inglês jurídico, algumas escolas oferecem outros serviços a advogados; tradução de contratos, cursos no exterior, convênios com faculdades de Direito para criação de cursos específicos para os alunos e teste de advogados antes da contratação para medir o domínio que o profissional tem do inglês jurídico.

Para estudar sozinho

> *Legal english for international lawyers*, de Bjarne J. Vonsild e Dominic C. Minett.
> *Legal english – how to understand and master the language of law*, de William R. Mckay.
> *International legal english*, de Amy Krois-Lindner.

> Dominar o inglês jurídico é interessante para o advogado brasileiro porque, com a globalização, a interação com empresas do mundo inteiro se intensificou, e a privatização também trouxe muitas companhias estrangeiras para cá.
>
> Fides Angélica Ommati, diretora da ENA (Escola Nacional de Advocacia).

Para quem quer aprimorar o inglês jurídico, as coisas ficaram bem mais simples nos últimos anos. Não é preciso sair do país para estudar, tampouco para obter certificados reconhecidos no mundo todo. Além dos cursos regulares de inglês jurídico, é possível fazer os testes aqui mesmo, tanto o Toles quanto o Ilec.

Formação profissional

> Para prestar o exame não é preciso fazer o curso de inglês jurídico, qualquer um pode se inscrever para o Toles nas datas marcadas.
>
> *Alec Reid, do centro de idiomas do British Council, no Rio de Janeiro, que desde 2002 é um centro de exames Toles, o primeiro na América do Sul.*

Outros centros de exames existem na Inglaterra e em diversos países da Europa. Aos poucos, a procura pelo Toles vem crescendo, segundo Reid, porque grandes empresas e alguns dos mais renomados escritórios de advocacia estão exigindo o exame para verificar as habilidades do profissional.

O que é o Toles

Test of Legal English Skills

Objetivo: ajudar escritórios e empresas a conferir as habilidades do advogado em inglês jurídico.

Quem pode fazer o exame
- Jovens advogados para agregar valor ao currículo.
- Candidatos a empregos em escritórios e empresas.
- Estudantes estrangeiros que querem ingressar em escolas de países de língua inglesa que ministram cursos de Direito.

Como é o teste
- Mede o conhecimento de inglês específico para Direito, ou seja, a capacidade do advogado de se expressar e compreender a terminologia e linguagem próprias da área.
- Não é um teste sobre leis americanas ou inglesas.

Como é a avaliação
- Pontuação máxima de 500 pontos, mas o resultado é apresentado por uma gradação de cores, do gold ao green (0-100 pontos). Gold seria excelente e green significaria que o candidato pode ter bom conhecimento de inglês, mas é fraco em inglês legal.

Habilidades testadas
- capacidade de usar o vocabulário legal específico e relevante no mercado global
- redação de cartas formais e comunicação por e-mail

- leitura de documentos
- domínio da linguagem de negociação
- gramática

Exame
- É feito em duas horas.
- Pode ser repetido para melhorar a avaliação ou medir a evolução do aluno.
- É encaminhado para correção na Inglaterra, independentemente do lugar onde tenha sido aplicado.
- **Saiba mais sobre o teste em www.toles.tricycle-media.com**

Onde obter mais informações

- **No Brasil**

The British Council – Rio de Janeiro
British Council
English Language Training Centre
Av. Rio Branco, 80 – 4º andar
Centro – Rio de Janeiro – RJ
20040-070
Telefone: (021) 2242 1223
E-mail: language.centre@britishcouncil.org.br
www.britishcouncil.org/brazil

The British Council – Recife
British Council
Av. Domingos Ferreira, 4150
Boa Viagem – Recife – PE
51020-040
Telefone: (081) 3465 7744
E-mail: andrea.medeiros@britishcouncil.org.br
www.britishcouncil.org/brazil

Formação profissional

The British Council – Brasília
British Council
SCN Qd. 04, Bloco B, Torre Oeste
Ed. Centro Empresarial VARIG, sala 202 – Brasília – DF
70710-926
Telefone: (061) 327 7230
E-mail: ana.maria@britishcouncil.org.br
www.britishcouncil.org.br

The British Council – São Paulo
British Council
Rua Ferreira de Araujo, 741 – 3° andar
Pinheiros – São Paulo – SP
05428-002
Telefone: (011) 3038 6947
E-mail: rosane.digenova@britishcouncil.org.br
www.britishcouncil.org/brazil

CAMBRIDGE – Centro de Ensino
CAMBRIDGE – Centro de Ensino
Rua Pistoia, 246
Londrina – PR
08620-450
Telefone: (043) 3322 9616
E-mail: cambridge@cambridgebrasil.com
www.cambridgebrasil.com

● Na Inglaterra

Global Legal English Toles Office
11 Belton Streeet
Stamford
PE9 2 EF
England
Telefone: (044) 1780 76 2919
www.toles.co.uk

O que é o Ilec?

Um exame criado pela Universidade de Cambridge para certificar aqueles que precisam desenvolver os conhecimentos em inglês para usar no ambiente jurídico.

O exame pode ser feito duas vezes por ano, em maio e novembro. É dividido em quatro testes – leitura, escrita, compreensão e expressão –, feitos em três horas e meia de duração. O teste oral é feito pessoalmente com um examinador de Cambrigde. As questões são baseadas em situações e tópicos que os advogados vivenciam na rotina de trabalho.

Os resultados levam em média seis semanas para serem divulgados e os que forem aprovados recebem um certificado de Cambridge.

Mais informações:
www.cambridgeesol.org ou em www.legalenglishtest.org

Outros idiomas

Se o inglês é básico, outros idiomas podem fazer a diferença. Hoje em dia, especialistas apontam vantagem se o advogado dominar o francês, o alemão, o espanhol e até o mandarim.

O volume de negócios entre Brasil e China vem crescendo de maneira assustadora. As trocas bilaterais passaram de US$ 1,5 bilhão em 1999 para US$ 16,4 bilhões em 2006. A expectativa é bater na casa dos US$ 25 bilhões em 2010. Com um crescimento tão vertiginoso, duas instituições precisam se fazer presentes simultaneamente nos dois países: bancos e, claro, escritórios de advocacia. Três escritórios já contam com uma base em território chinês, diversos outros formaram parcerias com escritórios locais ou estão entrando no país com o apoio da Câmara de Comércio e Indústria Brasil-China. Por tudo isso, advogados são seduzidos por cursos de mandarim e tentam, senão aprender o idioma, assimilar pelo menos os costumes, tão diferentes dos nossos.

Profissionais que já se relacionam com empresas e governo chineses há anos dizem que não é tão simples aprender o mandarim e, com bom domínio do inglês, é possível se sair bem.

O mesmo vale para a Índia. Alguns escritórios têm se dedicado a atender clientes indianos interessados em investir no Brasil. Nesses casos, o domínio do inglês é o bastante, mas conhecer a cultura indiana pode ajudar. Poucos são os profissionais com esse diferencial.

Formação profissional

Em relação aos outros idiomas, são fundamentais para aprofundar os estudos, dependendo da área de interesse, e muito bons para aproveitar oportunidades de atendimento a clientes de lugares como França, Alemanha, Espanha e países da América Latina. Alguns escritórios criam núcleos específicos para atendimento a clientes, por exemplo, alemães.

3 Especialidades

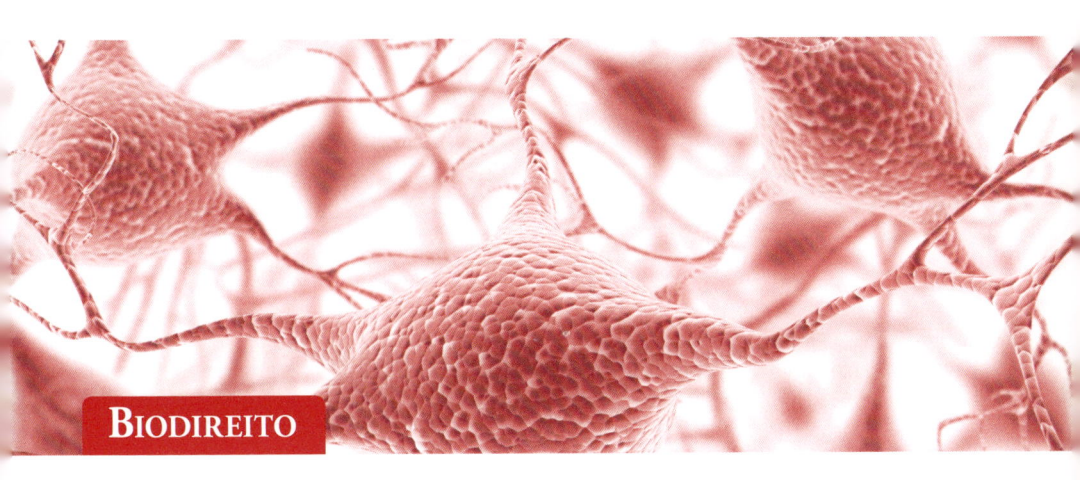

Biodireito

Muitas especialidades apresentadas neste livro são novas e promissoras, mas nenhuma delas promete tanto ou desperta tanto interesse quanto o Biodireito, como afirmam especialistas na área. A ciência avança rapidamente e questões, como produção de alimentos geneticamente modificados, inseminação artificial e clonagem, que há alguns anos pareciam mera ficção científica, hoje são realidade e alvo de interesses de toda natureza. Assim, o advogado especializado em Biodireito, já chamado de biojurista, precisa entrar em cena.

> O progresso da ciência é muito rápido, mas os cientistas não podem fazer tudo. Também não basta criar a regulamentação, pois não podemos tirar a liberdade de investigação da ciência. É preciso buscar o equilíbrio do pêndulo, e é isto que se procura através do Biodireito.
>
> Maria Celeste Cordeiro Leite Santos, *professora de Direito da Universidade de São Paulo – USP e da PUC-SP.*

O Biodireito é um campo muito amplo e exige do advogado muito conhecimento nas áreas de Biossegurança, Biologia e Direito, claro. É

Biodireito

interdisciplinar, ou seja, precisa de outras disciplinas, precisa interagir com outras áreas do conhecimento.

A procura de informação nesta área é imensa e o número de cursos vem crescendo. Na sala de aula dos programas de pós-graduação em Biodireito, há médicos, psiquiatras, padres e advogados em busca de especialização. Além de dar aulas, especialistas em Biodireito também dão consultoria, elaboram pareceres e, em diversos casos, precisam voltar a estudar.

> Profissionais de várias áreas querem se aconselhar, saber o que podem ou não podem fazer. O médico, por exemplo, precisa saber até onde pode ir para não brincar de Deus, como eles dizem.
>
> Maria Celeste Cordeiro Leite Santos, professora de Direito da Universidade de São Paulo – USP e da PUC-SP.

Segundo ela, também há leis recentes que precisam ser conhecidas e entendidas. No Estado de São Paulo, por exemplo, existe uma legislação sobre os direitos do paciente e quase ninguém a conhece a fundo. O paciente terminal tem direito a escolher, entre outras coisas, o lugar em que quer morrer.

O avanço da ciência tem sido tão rápido que até mesmo os advogados foram surpreendidos com o aparecimento de questões que não se encaixavam em nenhuma das áreas tradicionais. Em 1999, a OAB-SP percebeu que assuntos como clonagem e alimentos geneticamente modificados não estavam sendo tratados por nenhuma comissão. Foi aí que surgiu a Comissão de Biodireito e Bioética. O objetivo era analisar os casos que fossem surgindo nessa área e buscar uma diretriz para o pensamento de advogados, juízes, promotores, etc.

Formação profissional

Aqueles estudantes de Direito ou advogados recém-formados que quiserem se especializar em Biodireito vão precisar investir, e muito, na sua formação.

> O caminho para o Biodireito é graduação, especialização e depois mestrado e doutorado na área. Não há alternativa.
>
> *Patrícia Bono, advogada especializada em Biodireito.*

A ciência avança em um ritmo acelerado, enquanto as regulamentações são mais lentas, mas o advogado tem que acompanhar tudo o que acontece. Por isso, é fundamental dominar outros idiomas e manter-se atualizado.

Ainda na faculdade, os estudantes de Direito podem buscar cursos rápidos sobre Biodireito, que já estão sendo oferecidos por algumas escolas. Participar desses cursos ajuda a conhecer a área e decidir se há mesmo intenção de se tornar um biojurista. Os recém-formados que, de alguma forma, sentem-se atraídos pelo Biodireito devem procurar especialização na área. Em termos de especialização e mestrado, já há boas opções no Brasil, em São Paulo e Santos, por exemplo, mas quem pode ir para o exterior vai encontrar cursos muito bons na Argentina, em Portugal (Coimbra) e na França (Sorbonne).

Mas, além de uma boa especialização, títulos de mestre ou doutor, o biojurista precisa ter consciência de que é um advogado com postura diferente. O biojurista precisa aprender a se relacionar com outros especialistas porque vai trabalhar com cientistas de outras áreas. Não pode se colocar em um pedestal. Aliás, não só nesta área, em praticamente todas as especialidades do Direito, a interdisciplinaridade e a capacidade de atuar em equipes são essenciais para o sucesso profissional.

Segundo os especialistas, o fato de ter que lidar com biologia e química, por exemplo, afasta muita gente na hora da escolha da especialidade. Mas não há alternativa, um biojurista vai falar em transferência nuclear, biodiversidade, RNA recombinante e muitos outros temas complexos.

> Costumo dizer que o Biodireito é a vingança das ciências biológicas. Muita gente na hora do vestibular faz opção por Direito, primeiro porque gosta, segundo porque é uma oportunidade de se livrar da biologia, física, química, etc. Mais tarde, tem que estudar tudo isso de novo para se tornar um biojurista.
>
> *Patrícia Bono, advogada especializada em Biodireito.*

Biodireito

COMO COMECEI

Sempre fui meio curioso e, pela afinidade entre o Direito Ambiental, que é minha especialidade, e o Biodireito, passei um ano pesquisando e estudando o assunto para falar durante o 1º Congresso Brasileiro de Legislação Ambiental, Bioética e Biodireito, realizado pela Unesp (Universidade Estadual Paulista) em Ribeirão Preto, em maio de 2002. A ligação entre o Biodireito e o Direito Ambiental é estreita, qualquer alteração nas plantas pode impactar o meio ambiente. Hoje acredito que um bom biojurista tem que gostar das ciências biológicas, ter facilidade para compreender os processos científicos e, acima de tudo, ter vocação para desbravar e propor novos modelos.

Evandro Alves da Silva Grili, advogado especializado em Direito Ambiental e Biodireito.

Atuação profissional

Os especialistas na área acreditam que esta é uma carreira para jovens advogados, gente com condições de investir na formação e disposta a abrir novos campos de trabalho.

O Biodireito é chamado de quarta dimensão do Direito e, na corrente historicista, vemos que o Direito vai mudando de acordo com a história.

Renata Rocha, advogada especializada em Biodireito.

Ainda hoje, os advogados que começam a militar nesta área trabalham mais em consultoria, poucos casos foram parar na Justiça. Alguns ganharam repercussão na mídia e ficaram mais conhecidos, como a questão da soja geneticamente modificada e um caso de reprodução assistida, em que uma mulher ficou viúva e decidiu ter um filho do marido morto, usando sêmen depositado. Quando a criança nasceu, ela não conseguia registrar o bebê como filho do marido morto, perdeu em 1ª instância, mas depois conseguiu o registro com a ajuda de um biojurista.

A discussão em torno da liberação ou não da pesquisa no Brasil com células-tronco embrionárias também mobilizou a sociedade brasileira e deu destaque ao Biodireito.

Outras questões também têm ido parar na Justiça, desde o início da década de 90, e se referem ao Biodireito, tais como as solicitações de aborto em caso de má-formação do feto e os pedidos feitos por médicos para que a Justiça autorize a transfusão de sangue em pacientes cuja crença religiosa impede, como as testemunhas-de-jeová. Aos poucos, as questões bioéticas vão ficando mais claras e as pessoas passam a saber que podem recorrer ao Judiciário.

Em outros países, citam-se diversos casos envolvendo principalmente inseminação artificial. Dois exemplos são muito referidos: na Suécia, um rapaz doou seu sêmen para que um casal de lésbicas pudesse ter um filho, mas depois foi obrigado a pagar pensão às três crianças geradas; nos Estados Unidos, um casal de brancos fez inseminação artificial e nasceram gêmeos negros.

Características do profissional em Biodireito

- capacidade de trabalhar em equipes interdisciplinares
- domínio de outros idiomas: além do inglês e espanhol, o francês é fundamental, já que a França tem ótimas publicações no campo da Bioética
- gostar de estudar e pesquisar novos assuntos
- apreciar as Ciências Biológicas e gostar de outras áreas do conhecimento, como Filosofia

Sugestões de leitura

O estado atual do Biodireito, de Maria Helena Diniz.
Biodireito e a dignidade da pessoa humana, de Elidia Aparecida Correa e outros.
Biodireito, de Maria de Fátima Freire Sá.
O Direito in vitro, da Bioética ao Biodireito, de Regina Fiúza Sauwen e Severo Hryniewicz.
Direito à vida e a pesquisa com células-tronco, de Renata Rocha.
Biodireito – ciência da vida, os novos desafios, organizado por Maria Celeste Cordeiro Leite Santos.
Introdução ao Biodireito, de Reinaldo Pereira Silva.

Biodireito

Sites úteis

www.biodireito-medicina.com.br
www.bioetica.catedraunesco.unb.br (Cátedra UNESCO de Bioética)
www.bioethics-international.org (International Association of Bioethics)
www.bioetica.org.br (Centro de Bioética – Conselho Regional de Medicina – SP)
www.conselho.saude.gov.br (Comissão Nacional de Ética em Pesquisa)
www.sbbioetica.org.br (Sociedade Brasileira de Bioética)

DIREITO ADMINISTRATIVO

Há alguns anos, ninguém imaginaria que o Direito Administrativo se tornaria uma área tão interessante para advogados da área privada. Até então, quem gostava de Direito Administrativo tinha que prestar um concurso e atuar na advocacia da União, do Estado ou do município. Só havia essa alternativa. E, na faculdade, só prestava atenção a essa disciplina quem desejava ingressar na carreira pública.

Atuação profissional

Hoje, o cenário é outro. A realidade brasileira também é outra. De acordo com a professora da USP Odete Medauar, as privatizações e a ampliação das atribuições do Estado são os principais fatores responsáveis pelas mudanças.

Por um lado, empresas privadas assumiram os serviços de telefonia, fornecimento de energia elétrica, etc. e passaram a se relacionar com o poder público. Por isso, têm que contar com a ajuda de advogados que entendam como funciona o Estado, do ponto de vista administrativo. Além do mais, na esteira das privatizações, surgiram as chamadas agências reguladoras, responsáveis pela criação de regras, fiscalização e punição das empresas de um determinado setor. Outro campo de trabalho para o advogado especializado em Direito Administrativo, uma vez que o conflito entre consumidor e empresa é praticamente inevitável.

E as alterações não param por aí. Setores que anos atrás não tinham tanto destaque foram ampliados. Um bom exemplo é a Vigilância Sanitária,

Direito Administrativo

que antes era um departamento do Ministério da Saúde e foi transformada em agência, com poderes para estabelecer normas e fiscalizar. Ou seja, cada vez mais as empresas precisam contar com o auxílio de profissionais que dominem o Direito Administrativo e as ajudem a lidar com o poder público.

> É preciso prestar atenção no grande número de licitações que a União, Estados e municípios promovem. Fala-se em redução do Estado, mas o que houve de fato foi uma transformação, demandando a presença do advogado para esclarecer as questões. Por tudo isso, hoje, em diversos escritórios de grande porte, já existe a figura do advogado especializado em licitações.
>
> *Odete Medauar, professora da USP.*

Ou seja, estamos diante de um novo e promissor campo de trabalho. Mas como se preparar para ingressar nesse mercado?

Formação profissional

A disciplina de Direito Administrativo faz parte do currículo mínimo do Ministério da Educação. Ou seja, todo curso de Direito precisa oferecer essa matéria aos alunos. Mas, quanto à qualidade, obviamente varia muito de uma faculdade para outra.

> A graduação dá um conhecimento básico para o aluno. Quem quer seguir a área de Direito Administrativo deve estudar sozinho ou buscar cursos complementares.
>
> *Odete Medauar, professora da USP.*

DEPOIMENTO

Para o professor Marcos Jordão Teixeira do Amaral Filho, advogado especializado em Direito Administrativo, a pós-graduação é fundamental. Em sua vivência, Amaral destaca as relações estabelecidas ao longo da carreira – foi diretor jurídico da Telesp, trabalhou na Cesp, entre outros –, mas também destaca a pós-graduação como caminho para "sedimentar os conhecimentos".

Hoje, dono do próprio escritório, Amaral Filho trabalha com mais um sócio e um estagiário e atua em uma área bem específica, o controle de contas. Sua especialidade é atender empresas privadas que tenham contratos com a administração pública e que, em algum momento, sejam aditadas pelo Tribunal de Contas. "Minha passagem pela administração pública ajudou muito, estive do outro lado do balcão e isso é fundamental hoje para atuar tanto na defesa de empresas, quanto na parte consultiva."

Características do profissional em Direito Administrativo

- procura se manter atualizado: medidas provisórias, legislação federal, estadual, etc.
- conhece também as resoluções normativas e operacionais, assim como portarias dos órgãos reguladores e conselhos federais
- busca uma área de atuação específica: desapropriação, regulação, licitação, concessão, etc.

Sugestões de leitura

Direito Administrativo moderno, de Odete Medauar.
Privatização no Estado contemporâneo, de Marcos Jordão Teixeira do Amaral Filho.
A&C Revista de Direito Administrativo e Constitucional.
Curso de Direito Administrativo, de Celso Ribeiro Bastos.
Curso de Direito Administrativo, de Marçal Justen Filho.

Site útil

www.ibda.com.br (Instituto Brasileiro de Direito Administrativo)

Direito Aeronáutico, Direito Espacial e Direito Marítimo

Neste capítulo, vamos ver três especialidades do Direito sobre as quais quase não se ouve falar nas faculdades: Direito Aeronáutico, Direito Espacial e Direito Marítimo. O Direito Aeronáutico e o Marítimo no Brasil podem ser considerados excelentes campos de trabalho para o advogado recém-formado, especialmente para aqueles que gostam de estudar e pretendem investir em uma formação complementar (pós-graduação, mestrado, doutorado, etc.). Já o Direito Espacial é mais restrito à área acadêmica ou prestação de serviços de consultoria, principalmente naqueles países que operam satélites comerciais, embora haja uma expectativa em torno da Base de Lançamento de Alcântara, no Maranhão, e do rico mercado de lançamento de satélites. Se houver operação comercial, advogados especializados em Direito Espacial serão muito requisitados.

As três especialidades foram agrupadas porque, muito embora seja possível atuar em apenas uma delas, a maior parte dos advogados acaba trabalhando com pelo menos duas ao mesmo tempo. Aeronáutico e marítimo, por exemplo, ou aeronáutico e espacial.

Direito Aeronáutico

Para o professor José Monserrat Filho, advogado especializado em Direito Aeroespacial, o Direito Aeronáutico e o Direito Espacial eram uma coisa só, até o lançamento do Sputinik I, em 4 de outubro de 1957. A partir daí, tem início a era espacial.

> Com o início da era espacial, em 1957, foi preciso então criar uma noção de fronteira entre os dois espaços, aéreo e espacial. São áreas distintas, embora interligadas.
>
> José Monserrat Filho, advogado especializado em Direito Espacial.

Formação profissional

Um bom começo para quem pretende fazer carreira em Direito Aeronáutico é ir se dedicando a disciplinas como Direito Administrativo, Direito Público, Direito Comercial e Direito Internacional ainda durante a graduação. Para Cláudia Haidamus Perri, advogada especializada em Direito Aeronáutico e Marítimo, uma pós-graduação em Direito Internacional pode ajudar na formação do advogado especializado na área.

Além disso, ainda na faculdade, vale a pena dar atenção especial ao Direito do Consumidor, que é importante, especialmente pela questão do transporte de passageiros, assim como procurar conhecer os códigos e convenções internacionais e o Código Brasileiro do Ar.

Há bons cursos no exterior, na Europa especialmente, o que é bom, já que mesmo a legislação específica depende de convenções internacionais. Muitos advogados nessa área optam por fazer o doutorado no exterior e assim se destacar no mercado.

Nos primórdios da indústria aeronáutica brasileira, os casos eram quase sempre tratados por advogados especializados em Direito Comercial. Só com o crescimento das empresas, aumento das frotas e a sofisticação da aviação internacional é que surgiu a necessidade de um advogado especializado em Direito Aeronáutico.

A expansão não parou mais. Se algumas empresas aéreas faliram, outras decolaram e estão entre as mais lucrativas do mundo. Atraindo mais e mais investidores. Vivemos em um país de dimensões continentais, infelizmente ainda muito mal servido pelo transporte aéreo, se comparado aos Estados Unidos, por exemplo. Ou seja, há muito ainda a ser feito e advogados são necessários.

O advogado especializado em Direito Aeronáutico pode prestar serviços para as companhias aéreas, órgãos públicos e empresas que compõem o ciclo econômico do transporte aéreo (carga e catering), mas não é uma área fácil, são poucos profissionais, e os rendimentos só melhoram a longo prazo.

José Gabriel Assis de Almeida, advogado especializado em Direito Aeronáutico.

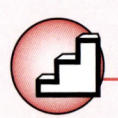

COMO COMECEI

Antigamente, nos contratos de financiamento, as aeronaves eram adquiridas com capital próprio, mas, como alternativa à imobilização de recursos provocada, surgiu o leasing. Então, fui examinar o assunto e vi que a legislação não permitia o arrendamento de aeronaves estrangeiras. Na época, nos anos 80, tivemos que desenvolver um amplo estudo sobre o tema, envolvendo inclusive o Banco Central. Tempos depois, me vi envolvido em um outro caso, desta vez, voltado para a exportação de aeronaves brasileiras.

Sérgio Soares Sobral Filho, advogado especializado em Direito Aeronáutico.

Atuação profissional

Em termos financeiros, tornar-se um advogado especializado em Direito Aeronáutico pode ser interessante, já que as questões envolvem sempre grandes somas de dinheiro.

Para quem gosta e pode investir um pouco mais na formação, não deixa de ser uma boa área. Os clientes podem ser poucos, mas são grandes. É consenso entre os especialistas também que a formação ideal combina a teoria, vista na sala de aula, com a vivência. Sem experiência, ninguém pode ser um bom advogado neste ramo. Na prática, também se percebe, até pela história do país, que precisa dominar contratos, recuperação judicial, reorganização empresarial e, acima de tudo, ter capacidade para trabalhar com profissionais de outras áreas. A interdisciplinaridade, como em outros ramos, é fundamental para o sucesso em Direito Aeronáutico.

> Há casos de venda e arrendamento de aeronaves, de turbinas, etc. São cifras milionárias. É um bom mercado, mas é limitado. Esperamos que cresça, mas nunca será nada explosivo.
>
> *Gilberto Giusti, advogado especializado em Direito Aeronáutico.*

Um dos escritórios pioneiros nesta área, no Brasil, foi o Pinheiro Neto, que há vinte anos já oferecia a seus clientes advogados especializados em Direito Aeronáutico. Hoje, tem uma equipe atuando nessa área. "Foi em um processo de retomada de aeronaves de uma companhia aérea, treze de uma só vez, foi uma ação pioneira", lembra o advogado Gilberto Giusti. Hoje, para se manter atualizado, Giusti participa regularmente de congressos, seminários e eventos exclusivos da indústria aeronáutica.

Para o professor José Monserrat Filho, o Direito Aeronáutico tende a ser um ótimo campo de trabalho para o advogado, se levarmos em conta o grande número de aeroportos em nosso país e as dimensões continentais. A aviação civil, segundo ele, tem atividade intensa no Brasil e precisa de escritórios jurídicos especializados. Dos que existem hoje, a maioria está situada em Brasília, Rio de Janeiro e São Paulo, onde estão também as companhias aéreas e órgãos reguladores. Ou seja, quem vive no interior ou em outros Estados deve levar em conta uma provável mudança de domicílio, caso queira ingressar nessa área.

> As demandas entre consumidores e empresas de transporte aéreo de passageiros e de cargas são constantes e propiciam um campo de interessante militância para o advogado. No entanto, a formação acadêmica é deficiente, uma vez que a matéria não é oferecida nas faculdades, e a produção científica no Brasil a respeito do Direito Aeronáutico, muito limitada. Há poucas obras publicadas sobre o tema.
>
> *Hugo Sarubbi Cysneiros, advogado especializado em Direito Aeronáutico.*

Sugestões de leitura

Revista brasileira de Direito Aeronáutico e Espacial, publicada pela Associação Brasileira de Direito Aeronáutico e Espacial.

Direito Aeronáutico, Direito Espacial e Direito Marítimo

Airlines, revista internacional publicada pela IATA.
Direito Internacional, terrorismo e aviação civil, de Paulo Borba Casella.

Sites úteis

www.sbda.org.br (Associação Brasileira de Direito Aeronáutico e Espacial)
www.fab.mil.br (Força Aérea Brasileira)
www.anac.gov.br (Agência Nacional de Aviação Civil)
www.infraero.gov.br (Empresa Brasileira de Infra-estrutura Aeroportuária)
www.faa.gov (Federal Aviation Administration)
www.icao.int (Internacional Civil Aviation Organization)
www.iata.org (International Air Transport Association)
www.direitoaero.com.br

DIREITO ESPACIAL

Voltando no tempo

Se a chamada era espacial no mundo teve início em 1957 com o lançamento do Sputinik, no Brasil tudo começou em 1960. O então presidente Jânio Quadros criou uma comissão com o objetivo de explorar o espaço. No ano seguinte, surgiu o Grupo de Organização da Comissão Nacional de Atividades Espaciais (Gocnae), em São José dos Campos, interior de São Paulo. Na década de 70, também em São José dos Campos, começou a funcionar o Instituto de Pesquisas Espaciais, hoje conhecido com Inpe – Instituto Nacional de Pesquisas Espaciais.

> É uma área de enorme futuro, embora não tenha presente.
>
> *José Monserrat Filho, especialista em Direito Espacial.*

Ou seja, hoje o Direito Espacial está restrito ao meio acadêmico e alguns poucos especialistas no assunto atuam também como consultores, na maioria das vezes de órgãos públicos, como o Itamaraty. Mas num futuro próximo pode haver uma grande demanda por advogados especializados nessa área. O Centro de Lançamento de Alcântara foi implantado na década de 80, no Maranhão, perto da linha do Equador e é considerado um dos melhores lugares do mundo para lançamentos. A ideia é explorá-lo comercialmente, e o mercado de lançamento de satélites envolve milhões de dólares.

Especialistas apostam no potencial do Direito Espacial como um dos mais novos e promissores ramos do Direito, graças à expansão de setores, como o das comunicações. Com a criação de normas para essas questões e, consequentemente, pendências judiciais e administrativas decorrentes, o advogado especializado será necessário.

Como comecei

Eu conheci o Direito Espacial porque fui estudar Direito Internacional em Moscou, nos anos 60. Era a época da corrida para a Lua e os grandes avanços dos russos nesta área. De Moscou, cursei a chamada Universidade do Espaço, criada em Chicago, mas com programas disponíveis em diversos países. Eu mesmo fiz o curso na França. Graças a essas experiências, tenho uma biblioteca referente ao Direito Espacial que ninguém tem. Atualmente leciono Direito Espacial, escrevo artigos e dou consultoria.

José Monserrat Filho, advogado especializado em Direito Espacial.

Atuação profissional

Quem tem interesse pelo Direito Espacial e quer investir já pode começar a pensar em estudar fora do Brasil, quando terminar a faculdade. Por enquanto, vale a pena ir se dedicando com especial atenção a disciplinas como Direito Comercial e Direito Público. Os melhores centros de estudos do Direito Espacial, de acordo com a Sociedade Brasileira de Direito Aeroespacial, estão em Montreal, no Canadá, e na Holanda. Um bom curso de línguas também ajuda, já que o inglês é fundamental. Praticamente tudo o que existe sobre Direito Espacial está em inglês ou francês.

Direito Aeronáutico, Direito Espacial e Direito Marítimo

Características do profissional em Direito Espacial

- ter vocação para carreira acadêmica ou consultoria
- disponibilidade para fazer pós-graduação no exterior
- dominar outros idiomas, principalmente inglês ou francês

Sugestões de leitura

Direito e política na era espacial, de José Monserrat Filho.
Política espacial brasileira, de Edmilson Costa Filho.

Sites úteis

www.cla.aer.mil.br (Centro de Lançamento de Alcântara – MA)
www.aeb.gov.br (Agência Espacial Brasileira)
www.unoosa.org/oosa/COPUOS/copuos.html (Comitê da ONU sobre o uso pacífico do espaço)
www.inpe.br (Instituto Nacional de Pesquisas Espaciais)

DIREITO MARÍTIMO

Como todas as carreiras muito especializadas, o Direito Marítimo oferece boas oportunidades para advogados. É uma área dominada por grandes companhias, embora existam algumas pequenas, e o Brasil tem enorme potencial. Há planos de investimento em transporte marítimo. No Brasil, nos últimos anos, também houve um crescimento no transporte marítimo de passageiros, basicamente com cruzeiros de lazer pela costa brasileira durante o verão.

Cláudia Haidamus Perri, advogada especializada em Direito Marítimo.

Formação profissional

Assim como o Direito Espacial e Aeronáutico, o Direito Marítimo praticamente não é apresentado aos estudantes no Brasil, com raríssimas exceções.

E, para quem pretende ingressar nessa área, um item pode fazer a diferença: a disponibilidade de fazer um curso de especialização no exterior.

Mas, é bom que se diga, os investimentos na formação do profissional especializado em Direito Marítimo não são pequenos. A começar pela pós-graduação no exterior. É preciso, obviamente, dominar bem o inglês, inclusive para ter acesso à literatura produzida no exterior sobre o tema.

Atuação profissional

Outra característica essencial para ser bem-sucedido na área é gostar de estudar.

> O Brasil é signatário de vários tratados e convenções internacionais, o que torna as coisas mais complicadas. Só para se ter uma ideia, nos Estados Unidos tudo é mais simples porque o país optou por criar leis próprias, em vez de participar de muitos tratados e convenções internacionais. Já o europeu tem experiência secular em transporte marítimo, nós não.
>
> *Cláudia Haidamus Perri, advogada especializada em Direito Marítimo.*

Diante de cada nova questão, o advogado que atua nessa área precisa voltar a estudar e buscar informações nas mais diversas áreas do Direito. O resultado pode ser um profissional especializado, mas com conhecimento do Direito de maneira geral.

Sugestões de leitura

Curso de Direito Marítimo, volumes 1 e 2, de Eliane M. Octaviano Martins.
Teoria e prática do Direito Marítimo, de Carla Adriana Comitre Gilbertone.
Arbitraje Marítimo Internacional, de Carlos Esplugues Mota.

Sites úteis

www.abdm.org.br (Associação Brasileira de Direito Marítimo)
www.mar.mil.br (Tribunal Marítimo Brasileiro)

Direito Agrário

Embora no Brasil o Direito Agrário ainda não tenha muito destaque, isso tende a mudar. Nos últimos anos, o agronegócio brasileiro ganhou projeção mundial e os resultados positivos das safras de cana-de-açúcar, soja e outros figuram com frequência na imprensa nacional. Portanto, essa é uma boa área para advogados e não mais aqueles ligados apenas à questão social. Há alguns anos, acreditava-se que, como ainda estávamos discutindo a questão da divisão da terra, a reforma agrária, só havia espaço para advogados atuarem neste nicho. Mas não é verdade. Na Europa, o Direito Agrário já se preocupa com outras questões, tais como a diferença de renda entre o empresário urbano e o rural, a elaboração de contratos entre produtores e indústrias, etc., e por isso advogados especializados são cada vez mais requisitados.

Diante disso, especialistas em Direito Agrário apostam no futuro da carreira. Para a presidente do Instituto Brasileiro de Direito Agrário, Maria Célia dos Reis, o setor agrário tende a se desenvolver, e muito, no Brasil. Ela acredita que o país vai avançar nessa área, exatamente pelo potencial agrícola que tem, e a reforma agrária vai deixar de ser o foco das atenções. Outras questões, como a exportação de produtos agrícolas, barreiras protecionistas que dificultam a presença do produto nacional no mercado externo, incentivos, a busca do equilíbrio na relação entre o produtor rural e o industrial, etc., vão entrar na ordem do dia, na visão de Maria Célia. E os advogados vão ser cada vez mais necessários.

> "Nós temos 5 milhões de produtores rurais e na pauta de exportação brasileira, dos cinco primeiros itens, quatro são produtos agrícolas. Ou seja, há um enorme mercado para o advogado agrarista."
>
> *Luiz Augusto Germani, advogado especializado em Direito Agrário e professor da Fundação Getúlio Vargas nos programas de MBA.*

O grande problema da área, no entanto, está nas vocações. Para Germani, as melhores faculdades de Direito estão nos grandes centros, onde quase ninguém tem vivência ou interesse pelo ambiente rural, e os advogados do interior, em geral, buscam uma formação generalista, uma vez que atuam em mercados mais restritos e não podem se dar ao luxo de atender apenas a casos específicos de uma área.

> "Eu, embora tenha feito a graduação em São Paulo, ia para a fazenda da minha família, enquanto todos os amigos iam para o Guarujá. Cresci no ambiente rural e foi isso que me levou para o Direito Agrário."
>
> *Luiz Augusto Germani, advogado especializado em Direito Agrário e professor da Fundação Getúlio Vargas nos programas de MBA.*

Conhecer a atividade rural e a linguagem própria desse meio ajuda o advogado especializado em Direito Agrário, até mesmo na hora de explicar ao juiz o que está sendo discutido, porque muitas vezes este também não domina o assunto.

Formação profissional

Por enquanto, o Direito Agrário não é matéria obrigatória na maioria das faculdades, e a maioria das disciplinas essenciais à formação do especialista não traz o enfoque necessário. Direito Trabalhista, por exemplo, fala mais do trabalhador urbano que do rural, e o mesmo acontece com Tributário, Fundiário e até Ambiental, que está intimamente ligado ao Direito Agrário.

Por isso, quem se interessa pela questão deve verificar se pode fazer a disciplina como opcional e, paralelamente, buscar cursos específicos. Depois de formado, mestrado e doutorado são caminhos naturais para quem pretende ser especialista na área.

Direito Agrário

DICAS PARA SE APRIMORAR

- estar em sintonia com o Direito Agrário em todo o mundo;
- participar de congressos regularmente;
- buscar os cursos de pós-graduação específicos da área;
- procurar conhecer tecnicamente os negócios rurais.

Atuação profissional

Para trabalhar como advogado agrarista, há dois caminhos distintos no Brasil de hoje, pelo menos enquanto o tema central for a reforma agrária: atuar na defesa de fazendeiros e grandes latifundiários que estão tendo suas terras desapropriadas ou ser advogado de trabalhadores rurais reunidos em sindicatos, movimentos e federações. Não resta dúvida de que a primeira opção é mais rentável. A remuneração de um advogado que atue em um processo de desapropriação de terra, por exemplo, corresponde a um porcentual do valor da indenização, que normalmente envolve quantias mais elevadas. As propriedades desapropriadas normalmente correspondem a áreas enormes.

Por outro lado, quem faz opção por ser advogado de trabalhadores rurais quase sempre é movido por um ideal. Os rendimentos são bem inferiores e o que estimula esse profissional é a vontade de transformar a realidade social brasileira.

Tanto de um lado quanto de outro da questão, para ser advogado nesta área o caminho mais comum é ingressar em escritórios já constituídos ou abrir um escritório. Há também a alternativa de prestar concurso e atuar como procurador do Incra.

Além de São Paulo, os melhores estados brasileiros para advogados agraristas são aqueles em que a questão da terra está ainda mais indefinida, como Pará, Tocantins e Goiás, entre outros.

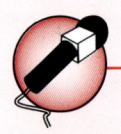

ENTREVISTA

Augusto Ribeiro Garcia é advogado agrarista e jornalista, escreve regularmente na revista Globo Rural. Começou a carreira na década de 70 e se orgulha de ser um dos poucos profissionais do Direito Agrário que atua fora do governo.

Como você começou?

Logo depois da Faculdade, fiz pós-graduação em Direito Agrário e em seguida, como era jornalista, fui convidado para trabalhar na revista Globo Rural. Isso me tornou mais conhecido e até hoje muitos casos vêm através da Revista.

Você considera a carreira promissora?

Sim, basta dizer que foi um agrarista que recebeu um dos maiores honorários já pagos, R$ 64 milhões, em uma ação de desapropriação de terra, em Ribeirão Preto.

O que é preciso para ser um bom agrarista?

Conhecer bem o Direito Ambiental e ter princípios éticos claros – hoje as duas coisas estão intimamente ligadas Se aparece uma situação que considero injusta, eu me recuso a defendê-la.

Características do profissional em Direito Agrário

- conhecer e gostar da atividade rural;
- ser sensível à questão social brasileira;
- respeitar sem preconceito as causas dos sem-terra ou dos latifundiários;
- ter diplomacia para lidar com os dois lados da questão;
- ser menos formal no dia a dia, já que o ambiente de trabalho pode ser uma fazenda ou um acampamento.

Sugestões de leitura

Contratos no Direito Agrário, de Oswaldo Opitz.
Curso completo de Direito Agrário, de Oswaldo Opitz.
Direito Agrário brasileiro e o agronegócio interno, de Durval de Noronha Goyos Júnior.

Sites úteis

www.abda.com.br (Associação Brasileira de Direito Agrário)
www.nead.org.br (Núcleo de Estudos Agrários e Desenvolvimento Rural)
www.mda.gov.br (Ministério do Desenvolvimento Agrário)
www.incra.gov.br (Instituto Nacional de Colonização e Reforma Agrária)

Direito Ambiental

Para quem não pretende fazer carreira nos ramos tradicionais do Direito – trabalhista, civil e penal –, o Direito Ambiental se apresenta como uma área nova, ainda em evolução e com características bem distintas.

> "Trata-se de uma área em expansão. Nenhuma empresa hoje em dia toma qualquer decisão sem levar em conta o meio ambiente."
>
> *Paulo de Bessa Antunes, advogado especialista em Direito Ambiental do escritório Dannemann Siemsen Advogados.*

O mundo inteiro está preocupado com esse assunto. Prova disso é que as principais instituições financeiras que participam de programas de ajuda na ONU (Organização das Nações Unidas) possuem critérios ambientalistas para financiar projetos.

O Direito Ambiental é regulamentador, preocupa-se em criar regras para a caça, a pesca, o funcionamento das indústrias, a construção de lixões e a ocupação da terra. Tanto é assim que hoje está intimamente ligado ao Direito Agrário, em virtude da preocupação com a distribuição responsável da terra.

No Brasil, as linhas básicas para o Direito Ambiental surgiram em 1981, com a instituição da Política Nacional de Meio Ambiente, que, na verdade, adaptava à nossa realidade os princípios defendidos em Estocolmo, em 1972, durante o primeiro grande congresso internacional sobre meio ambiente. Naquela ocasião, aliás, foi divulgada a famosa Declaração de Estocolmo, um verdadeiro marco na história do Direito Ambiental. Tudo isso é muito recente e as primeiras mudanças decorrentes do congresso em Estocolmo e, depois, da política brasileira para o meio ambiente começam a ser sentidas agora; mesmo assim, ainda há muito por fazer.

Formação profissional

Assim, quem pretende seguir esta carreira deve, em primeiro lugar, verificar se a faculdade onde estuda ou pretende ingressar oferece a disciplina, pois o Direito Ambiental não é matéria obrigatória em vários cursos. Na Universidade de São Paulo, por exemplo, a professora de Direito Administrativo, Ambiental e Urbanístico Odete Medauar lembra que foi feito um abaixo-assinado ainda em 1975 para que a disciplina passasse a ser oferecida aos alunos.

Grande parte dos advogados especializados em Direito Ambiental recomenda aos jovens profissionais interessados em ingressar nesta área que busquem uma especialização. Mas não apenas cursos de pós-graduação vinculados ao Direito, mas em cursos nas áreas técnicas, que ajudam muito o advogado, na opinião de Geraldo Ferreira Lanfredi, juiz aposentado e doutor em Direito Ambiental. Participar de congressos e cursos de curta duração é também fundamental, mas Paulo de Bessa Antunes, advogado especialista do escritório Dannemann Siemsen Advogados, vai mais além e diz que quem quer se sair bem nesta área tem que ter uma sólida base do Direito tradicional, ser criativo, saber falar inglês fluentemente e, acima de tudo, não ter preconceito. A capacidade de ver os dois lados de todas as questões ambientais é fundamental para um advogado especializado em Direito Ambiental, segundo Antunes.

Quem percebe que gosta desta área pode buscar um estágio para confirmar a vocação. O advogado Edis Milaré sugere que os estudantes interessados em Direito Ambiental busquem estágio em ONGs, escritórios de advocacia e até órgãos públicos, como secretarias do meio ambiente.

> "O advogado não vai muito longe se ficar só com o que aprendeu na faculdade, há necessidade de atualização constante, participação frequente em cursos, palestras e até programas de pós-graduação. Há sempre dificuldades para quem está começando, como em todas as profissões, não só no Direito Ambiental. Mas quem gosta do que faz, com certeza, encontra um caminho para superar as dificuldades."
>
> Odete Medauar, professora da faculdade de Direito da USP.

Atuação profissional

No Direito Ambiental, é possível trabalhar em empresas cuja atividade principal esteja ligada ao uso de recursos naturais, em escritórios, grandes ou pequenos, e em ONGs (organizações não governamentais) empenhadas em causas ambientais. Ou seja, um advogado que decida se especializar em Direito Ambiental pode começar em um escritório grande e depois, se preferir, abrir um escritório. A renda inicial pode variar, como em todas as áreas especializadas, mas o advogado costuma conseguir ótimos rendimentos ao longo da profissão.

> "O Direito Ambiental é uma área nova e promissora. Mas o advogado recém-formado não deve pensar só no dinheiro, precisa, antes de mais nada, ver se tem amor pelo meio ambiente."
>
> Edis Milaré, advogado especializado em Direito Ambiental e sócio de um escritório dedicado exclusivamente à advocacia ambiental no Brasil.

Quando ainda estava no Ministério Público, Milaré conta que São Paulo viveu um dos maiores problemas ambientais de sua história. Isso foi em 1983. Uma empresa estava realizando uma obra na Rio-Santos e, durante a explosão de uma pedreira, uma pedra gigantesca, de quase 20 toneladas, caiu sobre um duto da Petrobras, provocando um vazamento de 1,5 milhão de litros de óleo. Canais, rios, praias, tudo foi contaminado. A partir daí, teve início uma verdadeira cruzada, e Edis Milaré foi incumbido de tratar de todos os casos relativos a esse assunto durante os nove anos seguintes.

Em 1992, Edis Milaré deixou o Ministério Público para assumir a secretaria estadual de Meio Ambiente de São Paulo; na ocasião, abriu seu escritório. Hoje atende exclusivamente casos ligados ao meio ambiente. "Grandes escritórios têm uma área dedicada ao Direito Ambiental, mas também atendem casos de Direito Penal, Tributário, etc. O meu escritório é eminentemente verde", brinca o advogado Edis Milaré.

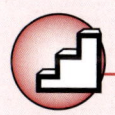

COMO COMECEI

"Na minha época, não havia formação específica para se tornar advogado ambientalista. Era preciso ter uma boa base no Direito Administrativo e cuidar da própria formação, ser um autodidata. Hoje já existem cursos, mas é uma área nova. Costumo dizer que nós estamos fazendo o Direito Ambiental. Eu, na verdade, sempre gostei de caminhada, esportes ligados à natureza, mas, em 1985, fui designado coordenador de Direitos Difusos da Procuradoria da República do Rio de Janeiro, que incluía o Direito Ambiental. E me apaixonei pela área. O que eu mais gosto hoje é que escolhi uma carreira pouco repetitiva, ninguém morre de tédio, porque cada caso é diferente. Só não gosto muito quando percebo que as pessoas ainda pensam que o Direito Ambiental cuida das coisas menores. Mas isso está mudando!"

Paulo de Bessa Antunes, advogado especialista em Direito Ambiental.

Características do Profissional em Direito Ambiental

- amor pela causa ambiental;
- facilidade para trabalhar em equipes multidisciplinares (com biólogos, geógrafos, etc.);
- gostar de atividades dinâmicas, que exigem constante atualização.

Sugestões de leitura

Política ambiental, de Geraldo Ferreira Lanfredi.
Direito do Ambiente, de Edis Milaré.

Direito Internacional do Meio Ambiente, de Salem Hikmat Nasser.
Direito Ambiental Brasileiro, de Paulo Afonso Leme Machado.
Revista de Direito Ambiental, publicação da Editora Revista dos Tribunais.

Sites úteis

www.abaa.org.br (Associação Brasileira dos Advogados Ambientalistas)
www.jurisambiente.com.br
www.ibps.com.br (Instituto Brasileiro de Produção Sustentável e Direito Ambiental)

Seu futuro em Direito

DIREITO CONSTITUCIONAL

Com a redemocratização, o Direito Constitucional ganhou no Brasil a importância e o reconhecimento que tem em todos os países considerados desenvolvidos. E mais um campo de trabalho foi aberto para os advogados.

Para recém-formados em Direito ou estudantes que ainda estejam cursando a Faculdade, o Direito Constitucional se apresenta como um campo vastíssimo de trabalho. Além de ser uma área nova, todas as empresas e instituições que lidam com o Direito Público, incluindo os órgãos públicos, precisam de um advogado especializado em Direito Constitucional.

> "A promulgação da Constituição, em 1988, trouxe não só uma série de direitos fundamentais, mas também um rol de garantias para defendê-los, mandado de segurança, habeas corpus, habeas data, mandado de injunção, ação popular e outros."
>
> *Samantha Meyer-Pflug, advogada especializada em Direito Constitucional.*

Voltando no tempo

O Direito Constitucional ganhou força com o Constitucionalismo, um movimento de ordem política e social, relacionado com o surgimento das Cartas Magnas escritas, entre elas a constituição dos Estados Unidos, em 1787, após a independência das treze colônias, e a constituição francesa, em 1791, em decorrência da Revolução Francesa. Quase todas buscavam a

Direito Constitucional

limitação do poder estatal, assegurando uma série de direitos e garantias aos cidadãos.

Formação profissional

O interesse por esta área normalmente é despertado ainda na faculdade, e isso é importante porque, diante da decisão de seguir a carreira de constitucionalista, o estudante deve buscar uma formação ainda mais sólida. Deve dedicar-se não apenas às disciplinas que abordem especificamente o Direito Constitucional, mas a todos os outros ramos do Direito, já que a Constituição trata de diversos assuntos.

Mas, além do diploma de bacharel em Direito, um bom advogado constitucionalista deve partir para a especialização, e, quem sabe, buscar até um mestrado e doutorado. A pós-graduação é importante porque a Constituição é muito ampla e abrange outras áreas do Direito, tais como Previdenciário, Tributário, Econômico, Financeiro e Administrativo.

Outra característica importante do Direito Constitucional, ao contrário do que muitos possam pensar, é o dinamismo. A Constituição é a lei máxima de um Estado, do ponto de vista político e jurídico, e trata da organização e divisão do poder, da estrutura do Estado, da competência de seus órgãos, da forma de governo e dos direitos e garantias fundamentais do cidadão. Mas, como a sociedade se transforma, o Direito Constitucional, ao longo dos últimos anos, também vem se aperfeiçoando no sentido de acompanhar as mudanças sociais. E o bom advogado especializado nesta área precisa estar constantemente atualizado, gostar de ler, estudar, participar de congressos e seminários.

COMO COMECEI

"Iniciei a carreira trabalhando em um escritório de consultoria na área do Direito Público, especialmente constitucional, com um dos nomes de maior reconhecimento na área, o professor Celso Bastos. Depois de alguns anos, pude me firmar individualmente e partir para um escritório próprio, que hoje mantenho apenas na área de consultoria. Estudar noite e dia, em virtude da atividade exclusivamente consultiva, me levou à pesquisa acadêmica. Fiz cursos de especialização, mestrado e doutorado. Em paralelo, comecei a dar aulas. Hoje leciono nos programas de mestrado e doutorado em Direito em diversas Universidades, entre elas PUC-SP e Instituição Toledo de Ensino – ITE, de Bauru, no interior de São Paulo. Aliado a tudo isso, sempre gostei de escrever e tenho vários livros publicados."

André Ramos Tavares, advogado, especialista em Direito Processual Civil e professor da PUC-SP.

Para o advogado Marcelo Lamy, diretor da Escola Superior de Direito Constitucional e coordenador geral do curso de especialização em Direito Constitucional, três fatores foram decisivos na hora de optar pela carreira de constitucionalista. O primeiro deles foi a falta de profissionais especializados nesta área. "Hoje muitos se intitulam constitucionalistas, mas nem sabem o que estão dizendo", afirma Lamy. A segunda razão foi a possibilidade de apontar novas soluções para questões fundamentais da sociedade brasileira e a terceira, segundo Lamy, foi o desafio de atuar em uma área tão complexa e tão inexplorada ainda. Para os que pretendem trilhar esse caminho, o diretor da Escola Superior de Direito Constitucional dá uma dica: é preciso se dedicar, estudar muito e cultivar o espírito crítico. "As soluções para os problemas constitucionais, em geral, precisam romper com a mentalidade corrente", explica.

A Escola Superior de Direito Constitucional, para quem ainda não conhece, foi criada em 1996 e desde então já formou mais de mil especialistas em Direito Constitucional. Além disso, oferece treinamentos, cursos de extensão e atualização, sempre com o objetivo de ensinar o advogado a aplicar o Direito Constitucional em seu trabalho diário.

Para iniciar a carreira na área de Direito Constitucional, o melhor caminho é buscar um estágio. É só com a experiência orientada em um escritório de advocacia que o jovem estudante sai do campo teórico e pode, enfim, se decidir mesmo pela área. "No campo do Direito Constitucional, o estágio se mostra necessário, pois é uma oportunidade que o aluno tem de se familiarizar com a Constituição e assim ampliar seus conhecimentos", diz a advogada Samantha Meyer-Pflug.

Em termos de renda, alguns dos especialistas mais renomados dizem que varia muito em função da qualificação do profissional, ou seja, quanto maior o seu grau de especialização na área, mais pode ganhar. Em outras

Direito Constitucional

palavras, vale a pena investir na formação porque isso vai trazer retorno financeiro. E os rendimentos de um advogado constitucionalista variam também em função do cliente, ou seja, do órgão ou instituição para o qual ele presta serviços.

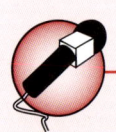

ENTREVISTA

Depois de passar pelo Ministério Público Federal e por escritórios renomados, como o do professor Celso Bastos, Alexis Galias de Souza Vargas passou a atuar como advogado constitucionalista, primeiramente em uma prefeitura. Veja como ele descobriu o interesse pela carreira e quais os requisitos para se tornar um bom advogado nesta área:

O que o levou a seguir carreira no Direito Constitucional?
Foi o interesse pela política. Não no seu conceito comum, isto é, de eleições e políticos, mas no sentido da própria organização do Estado. Saber como funcionam estas estruturas de poder sempre foi uma curiosidade para mim, desde muito jovem. Depois, já na faculdade tive contato com uma professora brilhante, Leda Pereira Mota, e me apaixonei pela matéria porque vislumbrei a possibilidade de conciliar o Direito e a Política. Afinal de contas, o Direito Constitucional é o direito da cidadania. Fiz estágio, fui monitor na faculdade e a partir daí só trabalhei com Direito Público.

O que é necessário para se tornar um bom constitucionalista?
Paixão pela cidadania, visão global do Direito, pois o Direito Constitucional se relaciona com todas as outras áreas do Direito, e ainda estar em constante atualização.

Vantagens e desvantagens

Vantagens
- o advogado adquire uma percepção global do sistema jurídico;
- é uma área em expansão;
- há carência de profissionais especializados.

Desvantagens
- cursos de pós-graduação são essenciais;
- requer estudo contínuo, assim como diversas outras carreiras no Direito;

Características do profissional em Direito Constitucional

- espírito crítico;
- gosto pelo estudo e pela leitura;
- preocupação com a cidadania.

Sugestões de leitura

Direitos fundamentais e controle de constitucionalidade: estudos de Direito Constitucional, de Gilmar Mendes Ferreira.
Curso de Direito Constitucional, de Paulo Bonavides.
Direito Constitucional Administrativo, de Alexandre Moraes.
Curso de Direito Constitucional, de Fernando Capez e outros.

Sites úteis

www.constitucional.com.br (Escola Superior de Direito Constitucional)
www.ibdc.com.br (Instituto Brasileiro de Direito Constitucional)
www.abconst.com.br (Associação Brasileira dos Constitucionalistas e Instituto Pimenta Bueno)

Direito de Família

DIREITO DE FAMÍLIA

Embora este seja um ramo clássico do Direito, o Direito de Família nunca foi uma carreira de muito prestígio entre os advogados. Aliás, a figura do especialista em Direito de Família é algo recente, tem pouco mais de uma década. Até então, as questões relativas a essa área eram tratadas por um advogado de formação generalista.

A análise acima é de Rodrigo da Cunha Pereira, advogado especializado em Direito de Família. Segundo ele, a sociedade brasileira viveu mudanças históricas, principalmente em relação à mulher, e isso provocou alterações radicais neste ramo do Direito, chamado de Direito de Família, Menor e Sucessões.

Para compreender o Direito de Família, hoje é preciso olhar para a história recente do Brasil. Há algumas décadas, não era comum as pessoas casadas se separarem. As mulheres eram, digamos, resignadas. A virada na Europa começou na Revolução Francesa, no século 18, quando surgiu pela primeira vez uma noção de dignidade do ser humano.

"No Brasil, a mulher não era considerada sujeito e existia até um termo: a mulher honesta, que definia aquela que tinha a sexualidade controlada pelo pai ou pelo marido", esclarece Cunha. Para as demais, não havia espaço na sociedade. A situação começou a mudar na década de 60 para a mulher brasileira; ela compreendeu que tinha direitos e podia manifestar seus desejos.

Em 1962, foi promulgado o Estatuto da Mulher Casada e foi o início da transformação social. Estas mudanças foram consolidadas, no entanto, só anos mais tarde com a Constituição de 1988. Antes da Constituição, o Direito de Família trabalhava sobre o tripé casamento, sexo, reprodução, todas as demais formas de família eram ilegítimas. Incluindo os filhos gerados fora do casamento, que sequer podiam ser registrados.

A nova Constituição mudou o conceito de família, passando a admitir famílias formadas não só por meio do casamento, como também de união estável e as chamadas famílias monoparentais (só o pai ou só a mãe). Com isso outras formas de constituir família, que eram ilegítimas, foram legitimadas. A Constituição atuou em três sentidos: determinou que existem outras formas de família, como vimos, estabeleceu que todos os filhos são legítimos e ainda que homens e mulheres são iguais.

Com tudo isso, a demanda pelo advogado especializado em Direito de Família cresceu. As pessoas não se sentem mais obrigadas a ficar casadas. Experientes advogados já sabem que, em 90% dos casos de separação, a iniciativa é das mulheres.

Formação profissional

> "O Direito de Família evolui todos os dias. É uma área umbilicalmente ligada às alterações de comportamento social e quem pretende seguir esta carreira deve ter isso em mente."
>
> *Antonio Ivo Aidar, advogado especializado em Direito de Família.*

Quem se interessa por Direito de Família deve também saber de duas coisas fundamentais. A primeira delas é uma boa notícia: o mercado de trabalho está precisando de bons profissionais. E a segunda é que o Direito de Família exige, como várias outras carreiras, atributos especiais daquele que pretende percorrer um caminho de sucesso.

Se por um lado a demanda por advogados especializados em Direito de Família é grande; por outro, os clientes exigem bons serviços. Ou seja, quem se sente seduzido pela carreira em Direito de Família deve procurar uma formação complementar. A graduação, como na maioria das carreiras do Direito, não é suficiente. "Estudo e atualização por conta própria, muita leitura para ajudar na redação e cultura geral, para garantir um vocabulário extenso, ajudam e muito", recomenda Antonio Ivo Aidar, advogado especializado.

Existem poucos programas de pós-graduação voltados para o Direito de Família. Alguns profissionais fazem opção pelo mestrado ou doutorado em Direito Civil e então desenvolvem dissertações e teses a respeito do Direito de Família. É uma alternativa. Há também diversos cursos de especialização que podem ajudar. Mas, antes de fazer opção pelo Direito de Família, é bom verificar se possui algumas das características necessárias, e a melhor forma de fazer isso é buscar um estágio na área.

Atuação profissional

A postura profissional de um advogado de Família é fundamental. Quem atua nesta área precisa ser profissional, jamais se envolver emocionalmente com o cliente. Mas isso não é tarefa fácil. "O cliente vira amigo, encontra no advogado um confidente, um pai ou um irmão", explica Antonio Ivo Aidar. Com isso, passam a telefonar toda hora para o advogado e começam a confundir os papéis. É necessário exigir respeito, estabelecer os limites dessa relação. E isso deve ser feito no início, inclusive com um contrato, na opinião de Rodrigo da Cunha Pereira, também especialista na área.

> "Assim como os padres e psicanalistas, os advogados de Família são profissionais da escuta, é pesado, e a interdisciplinaridade pode ajudar. Eu mesmo fui buscar na psicanálise de Freud apoio para a atuação como advogado. Os juízes, diante de um caso de Família, ouvem o psicólogo e a assistente social antes de decidir. Foi aí que nasceu a chamada psicologia jurídica."
>
> *Rodrigo da Cunha Pereira, advogado especializado em Direito de Família.*

A grande diferença do Direito de Família, na opinião dos especialistas no assunto, é que por mais que esteja em questão, por exemplo, o valor da pensão a ser paga, há muitas coisas por trás disso que precisam ser consideradas.

> "Se uma pessoa pede R$ 2 mil quando sabe que o justo seria R$ 1 mil, talvez seja porque não aceita a separação, está se sentindo abandonada. É preciso enxergar além do conflito e tomar extremo cuidado para não ser

manipulado pelas partes envolvidas. Um casal que não consegue nunca chegar a um acordo a respeito da partilha de bens, pode estar protelando a situação para realmente não se separar."

Rodrigo da Cunha Pereira, advogado especializado em Direito de Família.

Por todas essas características, a atuação em Direito de Família é diferente das demais áreas. A começar pelo tipo de atendimento que o cliente deseja, mais personalizado. Ele quer estar em contato com o próprio advogado; quando muito, aceita a figura de um assistente, mas, de modo geral, se sente mais seguro quando é atendido pelo próprio advogado. Afinal, estão em jogo questões muito íntimas de cada um e os casos são únicos, diferentemente do que acontece, por exemplo, com Direito Previdenciário.

Diante da necessidade de oferecer atendimento personalizado, os escritórios acabam sendo menores, ao contrário, por exemplo, do Direito Tributário e do Empresarial, de maneira geral, que comportam escritórios com 50, 100, 200 advogados. No Direito de Família, até os escritórios especializados são pequenos, ainda que possuam apenas profissionais de Direito especializados em Família. E são poucos os escritórios no Brasil que podemos considerar especializados em Direito de Família, Menor e Sucessões, se contarmos apenas os de grande porte. Por outro lado, são bastante comuns os escritórios que trabalham com diversas especialidades, incluindo Família.

Como em todas as áreas, os primeiros anos para quem pretende fazer carreira em Direito de Família são duros. "Você trabalha muito com o coração, acaba não cobrando", disse Antonio Ivo Aidar. Depois, aos poucos, uma carteira de clientes é formada e a situação muda.

"O Direito de Família proporciona um padrão de vida razoável, mas não é uma carreira para quem sonha enriquecer."

Antonio Ivo Aidar, advogado especializado em Direito de Família.

Tradicionalmente, os advogados especializados em Direito de Família cobravam, a título de honorário, um porcentual dos bens de seus clientes, principalmente em casos de inventário. Já não se cobra mais assim. Os advogados foram levados a reduzir esse porcentual ou mudar a forma de cobrança.

Depoimento

Gisele Martorelli, sócia do escritório Martorelli Advogados, em Recife, foi buscar apoio de outros profissionais para melhor atender seus clientes na área de Direito de Família e acabou criando um sistema de atendimento multidisciplinar. "Eu trabalho em um grande escritório e começaram a surgir casos de Direito de Família, embora não tivesséssemos nenhum profissional com essa especialização. Eram os próprios clientes que, diante da relação de confiança estabelecida, passavam a trazer também seus problemas de separação, inventário, etc", disse Gisele, que acabou assumindo esses casos.

Logo, Gisele percebeu que havia situações muito complexas e estava diante de uma realidade muito diferente. Até então atuava na área de contencioso civil. "Eu via os clientes chorarem na minha frente, me desesperava tinha vontade de chorar também", lembra a advogada. As soluções que eram apresentadas para os clientes, segundo Gisele, eram boas do ponto de vista jurídico, mas um desastre para a família. "Era preciso levar em conta que, mesmo após a separação, a família continua a existir, principalmente quando existem filhos."

Foi então que o escritório Martorelli Advogados optou por criar um sistema de atendimento multidisciplinar. Desde o início de 2002, os clientes da área de Família são atendidos por uma advogada, Gisele, e uma psicanalista. "Fui pesquisar e descobri que a dor da separação de um casal, por exemplo, é considerada a segunda maior dor de um ser humano, atrás apenas da dor provocada pela perda de um filho. E vi que não tinha preparo para lidar com isso sozinha", explica.

Com a criação do sistema de atendimento multidisciplinar, Gisele acredita que se tornou possível ler as entrelinhas e buscar a alternativa que as partes envolvidas querem, de fato, levando em conta o sentimento dos filhos, por exemplo.

A partir de sua experiência, Gisele Martorelli acredita que nos casos de Direito de Família, se as questões forem amadurecidas e refletidas com a, ajuda de profissionais da Psicologia ou Psicanálise, as decisões serão mais sólidas. Evitando, inclusive, que a Justiça fique atolada com os intermináveis processos de revisão de pensão, mudança nos termos do acordo a respeito dos filhos, etc.

"O advogado quer sempre vencer uma causa, mas em Direito de Família o conceito de vencer é bem diferente. Não pode ser destruir a outra parte. Vencer é manter a família inteira, ainda que o casal se separe", declara.

Características do profissional em Direito de Família

- saber ouvir;
- ser um bom contador de histórias;
- possuir boa estrutura emocional;
- profissionalismo, não se envolver com os clientes;
- ter sensibilidade para ir além das questões objetivas (perceber o subjetivo).

Sugestões de leitura

Revista brasileira do Direito de Família e Sucessões, editada pelo Ibdfam.
Manual das Sucessões, de Maria Berenice Dias.
A constitucionalidade do casamento homossexual, de Jorge Luiz Ribeiro de Medeiros.
União estável, análise sociológica, de Olga Jubert Krell.

Site útil

www.ibdfam.com.br (Instituto Brasileiro de Direito de Família)

Direito de Negócios

Se o mundo dos negócios mudou muito nos últimos anos, o papel do advogado nas empresas também sofreu transformações radicais. Até alguns anos atrás, o profissional de Direito se restringia basicamente à elaboração de contratos, mas hoje o advogado, especialmente nas grandes corporações, exerce uma função muito mais abrangente, participativa e decisiva. É o advogado empresarial ou de negócios, uma denominação ampla.

No início, quem atuava na área de Direito Comercial ia cuidar daqueles casos de cobranças, constituição de uma empresa e contratempos enfrentados pelos pequenos comerciantes. Hoje tudo é muito mais complexo, na visão de Walter Douglas Stuber, advogado especializado em Direito Comercial e Empresarial. Tem societário, fusões e aquisições, mercado de capitais, concorrências, franquias e muito mais, porque o mundo dos negócios tornou-se maior e mais complexo. Algumas dessas áreas viraram especialidades independentes, tamanha a complexidade.

Para isso, não basta somente entender de Direito, é preciso dominar economia, finanças, contabilidade e acompanhar bem de perto o mundo em que vivemos. A transformação é constante e rápida, especialmente depois do início da globalização, que tornou o mundo mais plano, nas palavras do jornalista americano Thomas Friedman. A leitura de jornais, de revistas, blogs e websites especializados, aliada à sintonia com os acontecimentos mundiais, torna-se também fundamental para este novo profissional.

> "O advogado que queira atuar na área de negócios precisa dominar outras linguagens, não só o Direito. Ele não é mais um elaborador de contrato, e nem é mais um sujeito que só diz não. Na mesa de reunião, um advogado de uma grande empresa tem que interagir e apresentar alternativas."
>
> *Leandro Silveira Pereira, advogado e coordenador dos programas de pós-graduação do GVLaw.*

Formação profissional

Em 2000, a Fundação Getúlio Vargas encomendou uma pesquisa para conhecer melhor o tipo de advogado que o mercado deseja contratar. Foram ouvidos grandes escritórios de advocacia, empresas nacionais, multinacionais e headhunters – ou caçadores de talentos. A pesquisa, que era, na verdade, o pontapé inicial de um projeto que envolvia a criação de programas de pós-graduação para advogados de negócios e, posteriormente, um curso de graduação em Direito, revelou que o mercado exige um profissional mais completo.

> "Na faculdade é bom estar atento à disciplina Direito Civil, a única que o estudante tem todos os anos e que vai ser a base de qualquer outra carreira no Direito Privado, incluindo o Direito Empresarial."
>
> *Silvio de Salvo Venosa, advogado especializado em Direito Comercial.*

Portanto, uma coisa é certa: quem quer ingressar na área de negócios tem como ponto de partida a graduação em Direito, mas tem que investir muito mais na formação; dominar o inglês geral e também o chamado inglês jurídico, pois invariavelmente vai redigir ou analisar contratos internacionais; conhecer e gostar de áreas como economia, finanças, contabilidade e, claro, já ir pensando em uma pós-graduação. "Não é uma área em que o advogado pode ingressar imediatamente após a conclusão da faculdade de Direito", disse Jairo Saddi, professor e coordenador do Curso de Direito do IBMEC/SP (Instituto Brasileiro de Mercado de Capitais). Saddi, que é doutor em Direito Econômico pela USP, afirma que a carreira na área de negócios é mais ampla que o próprio Direito, por isso exige formação complementar.

Direito de Negócios

Programas de pós-graduação na área

GVLaw – programa criado pela Fundação Getúlio Vargas em 2002, em São Paulo. Em 2000, a instituição ofereceu o primeiro curso de pós-graduação nesta área, Direito da Economia da Empresa, um programa com 372 horas de duração. Desde então, não parou mais. Vem oferecendo a cada semestre uma série de cursos de educação continuada, programas modulares e cursos corporativos. Mais informações: www.direitogv.com.br.

IBMEC – oferece cursos de curta duração para atualização profissional e LLM (Legal & Law Master) no Rio de Janeiro e em São Paulo, nas áreas de Direito Empresarial e Financeiro. Mais informações: www.ibmec.br para o IBMEC do Rio, www.ibmecsp.edu.br para o IBMEC SP.

LLM no exterior – Interessados em incrementar o currículo, muitos jovens advogados brasileiros estão partindo para o exterior para fazer os chamados LLM. Principalmente nos países de língua inglesa, como Estados Unidos e Inglaterra e, de preferência, em instituições de renome mundial. LLM pode ser definido como uma espécie de mestrado, um título internacional reconhecido no mundo inteiro na área do Direito. Comparável ao MBA na área de negócios. Muitos advogados buscam no LLM a especialização em uma área e é clara a preferência das grandes bancas por profissionais que carregam um título desses no currículo. Nos últimos anos, com a inserção do Brasil na economia mundial, ir para o exterior fazer LLM é uma boa oportunidade de ganhar vivência internacional e voltar para o Brasil em outra situação profissional. Estima-se que anualmente 20 mil advogados se inscrevam em programas de LLM no mundo todo e existe algo em torno de 500 programas diferentes. Os maiores possuem mil alunos, embora os demais, em média, comportem algo entre 20 e 50 alunos, dependendo da instituição de ensino. Para conferir e começar a planejar o LLM, acesse www.llm-guide.com.

Além dos programas de pós-graduação e cursos de curta duração, ambos praticamente obrigatórios para quem deseja atuar na área de negócios, a experiência profissional ao longo dos anos também se revela fundamental. Por exemplo, Marcos Chaves Ladeira, advogado especializado na área empresarial, conta que quando começou a maioria das empresas brasileiras era familiar, e os investimentos estrangeiros, novidade. Depois veio o boom das privatizações, a chegada de empresas estrangeiras e muito trabalho para quem já atuava como advogado de negócios. Os especialistas depois viveram a fase de reorganização e reestruturação das empresas e, principalmente, a criação das normas reguladoras para diversos setores – elétrico, telecomunicações, etc.

> "Tive que estudar tudo isso à medida que ia surgindo. A gente não para de estudar e o mais interessante é que não se perde o que aprendeu antes, vai-se agregando conhecimento e se tornando um profissional mais completo."
>
> Marcos Chaves Ladeira, especialista na área de negócios.

Alternativa – formação dupla:

Desde que lançou o curso de Direito, no começo dos anos 2000, a Fundação Getúlio Vargas tinha a ideia de oferecer a formação dupla aos alunos. Ou seja, eles cursariam ao mesmo tempo Direito e Administração de Empresas. Desde 2008, isso é possível e atende a uma demanda do mercado de trabalho. O profissional com dupla formação ainda não foi batizado, mas em breve terá um nome. Os primeiros se formam a partir de 2011.

Atuação profissional

A maioria dos grandes escritórios brasileiros já conta com especialistas na área de negócios, e, em muitos casos, o escritório inteiro é especializado no atendimento a empresas. Entre os clientes, estão quase sempre grandes corporações. Aliás, foram o aquecimento da economia brasileira a partir dos anos 90 e sua inserção na economia mundial que fizeram a advocacia viver um crescimento impressionante. Na esteira da expansão econômica, os escritórios tiveram que se equipar e crescer para atender à demanda dos clientes. Não foram poucos os casos em que bancas abriram novas unidades, em cidades diferentes, para atender os clientes. Assim, contrataram mais advogados, ampliaram as instalações e multiplicaram o faturamento.

Nesta onda positiva, muitos escritórios surgiram pelas mãos de profissionais que deixaram bancas de prestígio em busca de mais autonomia,

Direito de Negócios

levando, quase sempre, os clientes junto. Ou seja, já abriam as portas faturando e, em poucos meses, ampliavam as instalações.

Até nos departamentos jurídicos das empresas, o profissional desejado não é mais o mesmo. A postura reativa, um advogado que só pensa em ingressar com processos, perde espaço para um profissional em plena sintonia com o negócio da empresa, um consultor que está presente em todas as tomadas de decisão para apontar os melhores caminhos para o sucesso empresarial.

Paralelamente à mudança de perfil do profissional, houve uma mudança radical na estrutura dos departamentos jurídicos. Muitos optaram por reduzir o time e trabalhar com escritórios prestadores de serviços, mas, novamente, querem profissionais capacitados para atuar no novo cenário econômico mundial, dinâmicos, bem informados e conhecedores do negócio em que a empresa está inserida.

> "O advogado de negócios, em geral, trabalha com grandes companhias, uma vez que são estas que estão envolvidas nas operações mais complexas."
>
> *Marcos Chaves Ladeira, especialista na área de negócios.*

A complexidade das operações econômicas do mundo moderno também mudou a exigência das empresas na hora de contratar um escritório de advocacia. Olham custos, qualidade da mão de obra, mas, acima de tudo, querem bancas *full service*, ou seja, que atuem em todas as áreas e possam, dessa forma, suprir todas as demandas jurídicas da empresa. Poucas corporações ainda adotam um modelo de departamento jurídico com vários escritórios contratados. É mais caro e pior para administrar.

Outros campos de atuação para o advogado de negócios são os bancos, que necessitam deste tipo de profissional, e os chamados escritórios-butique, pequenos, mas superespecializados em determinada área. Jairo Saddi, do IBMEC de São Paulo, atua em um escritório desse tipo. São apenas três advogados, com larga experiência e formação acadêmica, e a área de atuação é restrita; Direito Comercial e Direito do Mercado Financeiro e de Capitais, por exemplo.

Os rendimentos daqueles que atuam nesta área também são promissores, especialmente para quem investe na formação, com mestrado, doutorado e especializações no exterior. O mercado de trabalho para advogados de negócios vem crescendo nos últimos anos com a abertura do país ao capital estrangeiro e, posteriormente, com as privatizações. E deve se tornar ainda mais promissor. Com a vinda de grandes empresas estrangeiras para o Brasil, vieram também grandes escritórios internacionais. Na verdade, o registro de advogados e bancas estrangeiras na OAB passou a ser possível desde 2000, mas os profissionais só podem prestar consultoria em direito do seu país de origem. Para as questões que envolvem o Direito brasileiro, é preciso contratar advogados daqui.

Mesmo assim, bancas fortes nos Estados Unidos estão instaladas no Brasil e trabalham em parceria com escritórios locais, oferecendo serviços jurídicos nos Estados Unidos. Algumas aproveitam brasileiros com LLM nos Estados Unidos. Dependendo da instituição em que o advogado estuda, tem direito, depois, a advogar nos EUA, ou seja, volta para o Brasil podendo atuar aqui e lá, o que torna mais amplo o raio de ação de uma banca estrangeira. Este é um mercado ainda engatinhando. Vai crescer, e os bem preparados serão beneficiados.

COMO COMECEI

"Eu fiz Direito na USP e acabei seguindo um rumo totalmente diferente dos meus colegas que hoje são juízes, promotores. Eu fiz outra opção. Fui para a pós-graduação da Fundação Getúlio Vargas. Hoje vejo que saber o que é balanço, receita, despesa ajudou muito. Os empresários só falam nesses termos, e você tem que acompanhar a discussão."

Marcos Chaves Ladeira, especialista na área de negócios.

Curiosidade

O primeiro escritório estrangeiro a se registrar no Brasil foi o Macleod Dixon, no Rio de Janeiro, e, em julho de 2002, uma das maiores bancas do mundo, Clifford Chance, se registrou na OAB de São Paulo, assim como vários outros o fizeram. O registro da Ordem dos Advogados do Brasil é apenas uma maneira de oficializar a atividade no país e está baseado no

Direito de Negócios

princípio de reciprocidade. Só é possível registrar um advogado inglês, por exemplo, se o registro de um profissional brasileiro na Inglaterra também for permitido. Pouco a pouco, essas bancas começam a se instalar por aqui.

Não se pode dizer que o Direito de Negócios é uma área nova. Houve uma mudança no mundo dos negócios e há uma exigência maior para o advogado que quer atuar na área de Direito de Negócios. Especialistas alertam, no entanto, que, em termos de rendimentos, nenhuma carreira oferece boa remuneração logo no início. Quanto mais experiente o profissional, quanto mais investe em sua formação, maiores são as chances de ser bem remunerado. Depois de certo tempo, o advogado participa com uma porcentagem dos negócios, quando atua em grandes escritórios.

> "Para quem gosta de trabalhar, a área de negócios é muito boa financeiramente. Posso dizer que estou realizando todos os desejos que tinha na faculdade."
>
> *Marcos Chaves Ladeira, especialista na área de negócios.*

Características do profissional em Direito de Negócios

- inglês fluente;
- pós-graduação na área;
- disposição para trabalhar além do horário e nos fins de semana;
- conhecimento de outras áreas, além do Direito: finanças, contabilidade, negociação, etc.;
- conhecimento do negócio e do mercado em que a empresa/cliente está inserida;
- hábito de ler jornais diariamente.

Sugestões de leitura

Direito Empresarial Brasileiro, de Gladston Mamede.
Direito Administrativo Empresarial, de Marcos Juruena Villela Souto.

Direito Empresarial, o estabelecimento e seus aspectos contratuais, de Marino Luiz Postiglione.
Direito Empresarial, estudo unificado, de Ricardo Negrão.
Advocacia empresarial no Mercosul, Armando Álvares Garcia Jr.
Temas da advocacia empresarial, de Bertoldi & Efing Marins.

Site útil

www.ibrademp.org.br (Instituto Brasileiro de Direito Empresarial)

Direito de Propriedade Intelectual

Embora existam leis que tratem da matéria há mais de cem anos, quem passa pelo curso de Direito, pelo menos nas faculdades brasileiras, vê pouco ou quase nada a respeito de Direito Autoral e menos ainda sobre o Direito de Propriedade Intelectual, como é chamado hoje, de maneira mais ampla, incluindo não só o Direito Autoral, as chamadas criações do espírito, mas também marcas e patentes (propriedade industrial). Em outras palavras, o estudante ou advogado recém-formado que se interessa por esta carreira vai ter que buscar por conta própria a formação exigida.

Formação profissional

De acordo com Ricardo Pinho, advogado associado do Daniel Advogados, escritório que há quarenta anos atua na área de propriedade intelectual no Brasil, esta sempre foi uma área especializada para advogados. Envolve basicamente casos de consultoria, litígio e uma parte administrativa muito atuante, no sentido de auxiliar o cliente na obtenção de registros, seja no Inpi (Instituto Nacional de Propriedade Industrial), na Biblioteca Nacional, quando se trata de um livro, etc.

> "O Direito de Propriedade Intelectual é uma área muito internacionalizada. Temos diversas convenções internacionais, como a de Berna, de Roma, da União de Paris, e o advogado tem que conhecer todas muito bem."
>
> *Ricardo Pinho, do escritório Daniel Advogados.*

Exatamente por isso, dominar bem o inglês é fundamental. "O Direito da Propriedade Intelectual não é uma área para quem não tem facilidade com línguas", disse Gabriel Francisco Leonardos, um dos sócios do escritório Momsen Leonardos e Cia. E Ricardo Pinho, do Daniel Advogados, também alerta: o inglês é básico, o ideal é saber outros idiomas, especialmente o francês. "Nosso Direito Autoral vem da escola francesa", lembra Pinho.

A pós-graduação também é essencial para obter sucesso nesta área, mas alguns especialistas divergem quanto à melhor época para ingressar em um programa desse tipo. Um deles é o desembargador Erickson Gavazza Marques, que foi sócio do escritório Demarest & Almeida Advogados. "De maneira geral, acho que a especialização está emburrecendo as pessoas, por isso aconselho que todos os que se interessam pela carreira de Direito da Propriedade Intelectual procurem ter experiência em outras áreas antes de se especializar. Isso depois vai ser um diferencial na carreira do advogado", explica.

Para a advogada Flávia Campbell, a pós-graduação surgiu mesmo como uma necessidade. Ela conta que começou a trabalhar com Direito Autoral no departamento de um órgão filiado ao Senai, que tratava de questões relativas ao desenvolvimento de tecnologias, publicação de textos, etc. Depois ingressou no Clarke, Modet & Co., um escritório com sede na Espanha e presença em praticamente todos os países de língua espanhola e portuguesa. "Na PUC do Rio de Janeiro, onde me formei, fiz apenas uma matéria sobre Direito Autoral, que era opcional. Depois fiz parte da primeira turma de pós-graduação em propriedade intelectual, anos mais tarde, na mesma instituição", disse Flávia.

Outra questão que sempre deixa em dúvida o estudante: fazer pós-graduação no Brasil ou ir para o exterior? Claro que quem pode deve ir para o exterior estudar. Foi o que aconteceu com Gabriel Francisco Leonardos. "Ganhei uma bolsa de um instituto de pesquisa da Alemanha e não quis desperdiçar a oportunidade", disse ele, que hoje não considera essencial sair do país para se especializar na área. Saber línguas sim, para poder ler bibliografia estrangeira e ter acesso a doutrinas e jurisprudências no exterior.

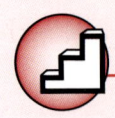

COMO COMECEI

"Iniciei a carreira atuando com outro profissional, tinha vocação para a área criminal e começaram a aparecer casos de crimes contra a propriedade intelectual. Eu me interessei pelo assunto e comecei a estudar não só a questão criminal, mas a parte civil do Direito da Propriedade Intelectual. Vi então que precisava de uma pós-graduação, um diferencial para atuar nessa área. Pesquisei e descobri que a França era o destino ideal, pois é o país que mais protege o direito de autores e artistas. Fui para lá e fiquei seis anos, fiz pós-graduação, estágio na divisão de Direitos Autorais da Unesco e mestrado."

Erickson Gavazza Marques, desembargador, mestre em Direito Privado na Faculté de Droit de l'Université de Paris II.

Atuação profissional

Para fazer carreira em Propriedade Intelectual, as melhores cidades são Rio de Janeiro e São Paulo. Historicamente, até pelo fato de a sede do Inpi (Instituto Nacional da Propriedade Industrial) ficar no Rio, a cidade concentra grande parte dos escritórios voltados para o atendimento de empresas estrangeiras. Em São Paulo, os escritórios se voltam mais para o atendimento a empresas nacionais. "Uma divisão tradicional, embora já existam escritórios de propriedade intelectual em Campinas, Brasília, Porto Alegre, por exemplo", explica Ricardo Pinho, do Daniel Advogados. Por isso, quem gosta desta área e vive no interior, deve ir cogitando a possibilidade de mudança.

Antes de optar por esta carreira, é preciso conhecer melhor o campo de trabalho. Vivemos a era da informação, por isso a propriedade intelectual está em evidência, o que, certamente, torna a carreira atraente. Mas o campo de trabalho é restrito. Para obter sucesso, é preciso investir na formação e se destacar da maioria. Aliás, como em todas as carreiras do Direito e de outras profissões também.

Um advogado especializado em Direito da Propriedade Intelectual pode trabalhar para entidades de classe, empresas de entretenimento, associações de empresas, produtoras cinematográficas, emissoras de televisão, de rádio, editoras, gravadoras, artistas, indústrias, empresas de software, entre outros. Sem falar da internet, que se tornou um vasto campo de trabalho para advogados.

> "Quando houve o grande boom da internet, nos anos 90, advogados recém-formados passaram a ver o Direito da Propriedade Intelectual com outros olhos. Mudou muita coisa com a internet e aumentou um pouco a demanda para nós advogados, porque há vários fatores de conflito."
>
> *Ricardo Pinho, advogado especializado em Propriedade Intelectual.*

Bem atraente também é o mundo do entretenimento.

> "Todos estão descobrindo que o entretenimento, a cultura são áreas muito interessantes. Nos Estados Unidos, representa 6,7% do PIB (Produto Interno Bruto) e em uma pesquisa feita em 2002 no Brasil descobrimos que aqui representa 6,1% do PIB."
>
> *Jorge Costa, diretor da Socinpro (Sociedade Brasileira de Administração e Proteção dos Direitos Autorais), que tem mais de 13 mil artistas associados.*

Na década de 90, deu-se o grande boom do Direito da Propriedade Intelectual, o que não significa que a carreira, atualmente, deixa de ser atraente. Mas a possibilidade de um estagiário ser efetivado em um grande escritório já é bem menor hoje, que no fim da década de 90.

> "Com a Constituição, em 1988, o Direito Tributário viveu um excelente momento. O mesmo aconteceu com o Direito da Propriedade Intelectual em 1996 com a Lei de Propriedade Industrial e, em 1998, com a lei de Direitos Autorais."
>
> *Gabriel Francisco Leonardos, advogado especializado em Direito da Propriedade Intelectual.*

Logo após a promulgação dessas duas leis, os escritórios chegaram a crescer até 60% ao ano. Isso significa que o ritmo de contratação de advogados era intenso, e a efetivação dos estagiários, praticamente garantida. De agora em diante, Leonardos aposta em um crescimento médio dos escritórios de 10% ao ano, muitos devem se manter estáveis de um ano para outro.

Como em todas as áreas, os grandes escritórios especializados em Direito da Propriedade Intelectual estão de olho nas áreas que vão surgir ou crescer no futuro. Gabriel Leonardos conta, por exemplo, que o seu escritório, sediado no Rio de Janeiro, aposta em três novas frentes: biotecnologia, biodiversidade e proteção dos chamados conhecimentos tradicionais (dos índios, das comunidades rurais, etc.). Eis aí uma boa dica!

Sugestões de leitura

Revista da ABPI, publicação bimestral da Associação Brasileira da Propriedade Intelectual.
Propriedade Intelectual – contratos de propriedade, de Wilson Pinheiro Jabur e outros.
Propriedade Intelectual, de Maristela Basso e outros.
Propriedade Intelectual e Biotecnologia, de Vanessa Iacomini.
Propriedade Intelectual em perspectiva, de Rodrigo Jorge Moraes e outros.

Sites úteis

www.inpi.gov.br (Instituto Nacional da Propriedade Industrial)
www.abpi.org.br (Associação Brasileira da Propriedade Intelectual)
www.abapi.org.br (Associação Brasileira dos Agentes da Propriedade Industrial)
www.minc.gov.br (Ministério da Cultura)
www.cg.org.br (Comitê Gestor da Internet no Brasil)

Direito Desportivo

Todo mundo sabe que atletas, como jogadores de futebol, tenistas, pilotos de Fórmula 1, quando são craques mesmo, ganham verdadeiras fortunas. O que muita gente não lembra é que para desenvolver uma carreira bem-sucedida em qualquer esporte não basta ter talento. É preciso contar com um bom advogado. Um especialista em Direito Desportivo.

Trata-se de uma área nova, muito promissora e também bastante rentável. Basta dizer que o futebol movimenta por temporada nada menos que US$ 220 bilhões em todo o mundo, segundo a Fifa. Ou é só lembrar que um jogador de futebol como Ronaldo, antes de se tornar penta campeão mundial, recebia US$ 6 milhões por temporada. Ou ainda que o tenista Gustavo Kuerten, em quatro anos, conseguiu acumular uma fortuna de US$ 20 milhões, sendo metade desse valor proveniente dos prêmios oficiais recebidos. Todos esses recursos são acertados através de contratos, negociações e acordos. Tudo deve passar pelas mãos de um advogado especializado em Direito Desportivo.

Muito diferente da época de Garrincha. O craque, na década de 50, foi contratado pelo Botafogo, ganhando apenas 300 cruzeiros a mais do que recebia como operário de uma fábrica em Pau Grande, no estado do Rio de Janeiro. E ainda assinava documentos em branco, sem qualquer orientação.[1]

1 CASTRO, Ruy. **Estrela solitária**. São Paulo: Companhia das Letras, 1995, p. 62.

Direito Desportivo

> "Na Europa, havia muitas competições de ciclismo, quase sempre com provas em diferentes países e isso gerava dúvidas na hora de aplicar as normas e regras. Havia necessidade de uma legislação própria. Então a União Internacional de Ciclismo fez o seu estatuto em 1885. Era a primeira vez que um conjunto de leis regulava uma atividade esportiva. Depois foram surgindo outras entidades e federações esportivas, cada uma com suas leis, e nascia o Direito Desportivo."
>
> *Valed Perry, professor de Direito Desportivo e fundador do primeiro escritório especializado em Direito Desportivo do Brasil, em 1974.*

Para Valed Perry, os primeiros sinais de interesse pela área, no entanto, surgiram bem antes da abertura do escritório. Em 1941, foi publicado o primeiro livro sobre o assunto, de João Lira Filho, e, em 1960, a Faculdade de Direito de Recife (PE) abriu o primeiro curso de Direito Desportivo do Brasil.

Apesar de toda essa trajetória histórica, foi só a partir da década de 1990 que o Direito Desportivo tomou um impulso e se tornou uma área atraente para jovens advogados.

> "Estamos vivendo uma profissionalização do esporte, uma transformação que atinge o mundo inteiro. O futebol, por exemplo, virou negócio e passou a exigir a presença de um advogado em todas as negociações."
>
> *Valed Perry, professor de Direito Desportivo e fundador do primeiro escritório especializado em Direito Desportivo do Brasil, em 1974.*

Tudo começou a mudar a partir das leis Zico, lei 8.672, de 1993, e Pelé, lei 9.615, de 1998. "Com a promulgação da Lei Zico, as pessoas passaram a se interessar mais pelo assunto e, em 1998, a Lei Pelé aumentou a discussão em torno do futebol porque os jogadores perceberam que tinham direitos e precisavam de um advogado para defendê-los", disse Luiz Roberto Martins Castro, advogado especializado em Direito Desportivo.

COMO COMECEI

Em 1951, assumi a diretoria jurídica do Botafogo, no Rio de Janeiro. E comecei a me interessar pela área porque vi que havia pouca gente que realmente entendia o assunto. Percebi que havia muito a ser explorado e, principalmente, que os clubes e os jogadores precisavam de profissionais que entendessem de Direito Desportivo para ajudá-los."

Valed Perry, professor de Direito Desportivo e fundador do primeiro escritório especializado em Direito Desportivo do Brasil, em 1974.

Formação profissional

Mas a busca da especialização em Direito Desportivo não é tarefa muito fácil. A maioria das Faculdades de Direito não oferece a disciplina, nem como opcional. No Brasil, geralmente ingressa nesta carreira aquele advogado que atua em outras áreas do Direito, mas gosta muito de esportes, começa a estudar o assunto, ler, pesquisar. Especialistas dizem que quem pode deve ir para o exterior fazer um curso de especialização. Os melhores estão na Espanha, Inglaterra e Estados Unidos.

Atuação profissional

O campo de trabalho para um advogado que decida se especializar nesta área é bastante amplo e baseia-se principalmente em três grandes ramos do Direito: Trabalhista, Tributário e Comercial. Por isso, quem ainda está na faculdade e tem interesse em atuar no Direito Desportivo já pode ir dedicando especial atenção a essas três disciplinas.

O advogado de um atleta pode trabalhar com uma causa trabalhista quando houver algum conflito com o clube de futebol. Um advogado que trabalhe para um clube pode, por exemplo, precisar se valer dos conhecimentos do Direito Tributário para ajudar a entidade a buscar formas legais de pagar menos impostos. E, por fim, o Direito Comercial é fundamental na hora de negociar contratos. A ida de um grande craque para o exterior é um exemplo comum.

E não é só isso. Como as atividades e eventos esportivos vêm se mostrando um negócio rentável, já aparecem os investidores financeiros, prontos para colocar seus milhões de dólares em clubes, na construção de estádios etc. Mas, para que isso aconteça, as entidades precisam se transformar em sociedades anônimas, publicar balanços confiáveis e funcionar perfeitamente dentro das leis.

Direito Desportivo

> "Todo mundo fala em profissionalização do esporte porque estamos cansados de dirigentes amadores. Mas a primeira coisa para profissionalizar é transformar em atividade legal, isto é, andar rigorosamente dentro da lei."
>
> *Luiz Roberto Martins Castro, advogado especializado em Direito Desportivo.*

A campanha pela moralização do esporte no Brasil, em especial o futebol, já começou. Em 2002, enquanto a seleção trazia para casa a taça de campeã mundial, dirigentes e advogados especializados em Direito Desportivo andavam às voltas com uma medida provisória, então apelidada de MP da "moralização do futebol", que retirava benefícios fiscais de quem não andava na linha. Um clube que não apresentasse balanço financeiro ou não fosse administrado profissionalmente poderia perder a isenção de impostos. Times de primeira linha em campo viveram escândalos vergonhosos na parte administrativa nos últimos anos. Em outras palavras, sem uma boa assessoria jurídica, muitos clubes poderão se ver da noite para o dia em má situação.

Grande parte dos advogados especializados em Direito Desportivo atua em grandes escritórios. Isso porque há até alguns anos era muito complicado abrir um escritório só para atender clientes nesta área, mas a tendência começa a ser revista. Jovens advogados, de olho em nichos pouco explorados, começam a se dedicar com exclusividade ao Direito Desportivo, compondo bancas em formato mais de boutique de advocacia. Além disso, o profissional pode optar por trabalhar no departamento jurídico de um clube, uma federação ou sindicato vinculado ao esporte.

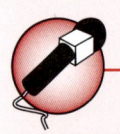

ENTREVISTA

Gislaine Nunes se formou em Direito pela Instituição Toledo de Ensino, de Bauru, interior de São Paulo, e desde então atua na área esportiva. Hoje tem seu próprio escritório e, desde 1996, atua como advogada voluntária do Sindicato dos Atletas Profissionais do Estado de São Paulo.

O que a levou ao Direito Desportivo?
Na verdade, minha especialização nesta área foi um processo natural. Meu marido é atleta profissional de futebol e vendo o seu sofrimento,

principalmente por causa de desmandos dos dirigentes, não tive dúvidas em iniciar meu trabalho nesta área.

Como começou?
Atendendo meu marido e seus amigos. Mas logo outras pessoas ficaram sabendo que eu estava representando atletas em processos e passei a ser procurada por vários outros.

O que é preciso para se dar bem nesta área?
O segredo, como nas demais áreas do Direito, é ser sincero e não criar expectativas falsas para o cliente. O Direito Desportivo é uma área espetacular, mas para obter sucesso é preciso ganhar a confiança do cliente – o jogador de futebol, em geral, é muito desconfiado.

Dicas para se aprimorar

- estudar a legislação esportiva internacional;
- estudar as normas das federações esportivas nacionais;
- conhecer a rotina dos Tribunais Esportivos (de preferência frequentando-os para assistir a casos de doping e indisciplina serem julgados).

Características do profissional em Direito Desportivo

- gostar de esportes;
- ser capaz de pesquisar e buscar informações por conta própria.

Sugestões de leitura

Revista Brasileira de Direito Desportivo, publicação do Instituto Brasileiro de Direito Desportivo, com artigos de especialistas brasileiros e estrangeiros.
Curso de Direito Desportivo Sistêmico, de Rubens Approbato Machado.
Direito Desportivo, de Álvaro Melo Filho.
Direito Desportivo e a imagem do atleta, de Felipe Legrazie Ezabella.

Sites úteis

www.ibdd.com.br (Instituto Brasileiro de Direito Desportivo)
www.direitodesportivo.com.br
www.iasl.org (International Association of Sports Law)
www.sportslaw.org (Sports Lawyers Associaction)

DIREITO DIGITAL

Não é fácil eleger a área de atuação do Direito que mais sofreu mudanças nos últimos anos, mas o chamado Direito Eletrônico ou a advocacia em Tecnologia da Informação é, sem sombra de dúvidas, uma delas. A começar pela nomenclatura: em um primeiro momento, a especialidade foi chamada de Direito de Telecomunicações e Internet, depois foram aparecendo outras denominações e até hoje há polêmicas. Alguns profissionais defendem a adoção do termo Direito Digital, não apenas como uma área de atuação, mas como uma evolução do Direito.

> "Tudo mudou com o advento da tecnologia; as testemunhas são máquinas e as provas, eletrônicas. Isso muda completamente o Direito."
>
> *Patrícia Peck, advogada especializada em Direito Digital.*

O fato é que a tecnologia mudou as formas de as empresas fazerem negócios, e a presença do advogado se faz necessária para que haja segurança jurídica. A lei pode ser aplicada da mesma forma, mas é o profissional de Direito que toma as devidas providências, cuida dos contratos e fica de olho nas novas modalidades de crime que surgem. Como é o caso do furto de dados – copiar os dados de uma empresa, por exemplo, não é crime, mas subtraí-los, sim. As empresas precisam se proteger e para isso recorrem à consultoria jurídica especializada. Ou seja, o Direito Digital ou Eletrônico, como queiram, é um excelente campo de atuação para advogados.

Formação profissional

Na área de Direito Digital ou Direito Eletrônico, quase sempre é preciso usar conceitos do Direito Civil, Comercial e Administrativo, por exemplo, para resolver as questões que aparecem. Por isso, a boa formação generalista é também fundamental para quem pretende ingressar nesta área.

Mas advogados precisam ter em mente que, ao longo da carreira, vão precisar se aproximar um pouco mais da área técnica, conhecer melhor o sistema de telecomunicações e o mundo virtual que a internet criou. Não é necessário estudar engenharia, mas o conhecimento técnico é importantíssimo na elaboração de contratos – quando o aspecto técnico tem que ser traduzido em termos legais – e também nas ações, tanto para fundamentar a defesa, como para explicar o assunto ao juiz que, na maioria das vezes, não o domina. Essa necessidade faz com que o advogado trabalhe em equipes multidisciplinares, com outros colegas advogados, e também com engenheiros, técnicos e estudiosos de novas tecnologias. E, acima de tudo, esteja atento às tendências, novidades e perspectivas de tudo isso para o mundo dos negócios.

A capacidade de integrar várias áreas do Direito é o que garante ou não o sucesso do advogado nesta área. A tecnologia evolui rápido demais e a legislação não acompanha. Logo que surgiu a internet, muitos pensaram que era terra de ninguém. Mas não é. Para os crimes na internet – assédio, ameaça, divulgação de informação privilegiada, por exemplo, valem as mesmas leis aplicadas aos crimes cometidos no universo real.

> "A internet é um meio para as pessoas se comunicarem, fazerem negócios e estabelecerem relações jurídicas. O que o advogado precisa é adaptar os conceitos tradicionais do Direito Comercial, Penal e Civil a esta nova realidade."
>
> *Rodrigo d'Ávila Mariano, advogado especialista em TI – Telecomunicações e Internet.*

Fernando José Fernandes Júnior, advogado especializado em TI há vinte e cinco anos, lembra que atuar nesta área já foi bem mais complicado. "Nos anos 70, quando a gente discutia software era complicadíssimo, pagar um valor apenas para ter o direito de usar um determinado produto era algo impossível, as pessoas só entendiam transferência de tecnologia. Não admitiam o custo para o uso, simplesmente". Hoje, vários desses conceitos estão claros, mas os advogados trabalham sempre na vanguarda, discutindo questões que ainda não estão claras para as partes envolvidas nem para o juiz.

Dicas para uma boa formação

- na graduação, interessar-se pelos ramos tradicionais do Direito;
- buscar uma vivência prática em empresas de tecnologia da informação;
- ampliar o conhecimento teórico com a leitura de livros, revistas e newsletters da área;
- fazer cursos de pós-graduação e outros mais curtos;
- ser autodidata.

Atualmente, a oferta de cursos nesta área é bem ampla. No Brasil, instituições como a Fundação Getúlio Vargas oferecem programas em Direito Eletrônico, com cursos presenciais e a distância, para atender a demanda de quem vive longe dos grandes centros, e outras, como o ITA, dedicam-se ao estudo da Segurança da Informação, com cadeira em Direito Eletrônico. Diante da possibilidade de ir para o exterior complementar a formação, Estados Unidos e Europa são os melhores destinos.

COMO COMECEI

"Desde os 13 anos, eu era programadora de computador, desenvolvia jogos. Quando entrei na faculdade, me destacava pela paixão por tecnologia, tinha laptop quando ninguém ainda usava. Fui fazer Direito na USP e, ao me formar em 1998, resolvi unir o útil ao agradável e segui para o Direito Digital."

Patrícia Peck, advogada especializada em Direito Digital.

Atuação profissional

A atuação do advogado especializado em Direito Digital já não se restringe à prestação de serviços para empresas de tecnologia. Hoje todas as corporações, independentemente do porte, lançam mão de recursos tecnológicos no dia a dia e precisam de suporte jurídico. O exemplo mais simples é o e-mail. Ninguém vive sem e é preciso orientação adequada na hora de eliminar a caixa postal de um profissional que se desliga da companhia. Não basta deletar, é preciso se preocupar com o chamado *legal storage*, ou seja, uma documentação eletrônica fundamental para um processo no futuro ou uma investigação.

Outras áreas do Direito, como o Direito do Trabalho, se misturam com o Direito Digital, na medida em que o uso do monitoramento e de ferramentas como o ponto eletrônico se torna cada vez mais comum.

Por tudo isso, profissionais especializados em Direito Digital estão presentes hoje nos grandes, médios e pequenos escritórios, assim como nas bancas especializadas. Nas empresas, este profissional atua junto com o departamento jurídico interno como consultor, garantindo sempre a segurança jurídica da companhia nos negócios, nos projetos, na relação com fornecedores e com funcionários.

É importante notar também que a inexistência de uma legislação específica para o segmento talvez seja um dos motivos para o número de processos envolvendo o Direito Digital. No começo de 2008, eram 70 mil em andamento e 15 mil já julgados, números infinitamente maiores que os registrados nos países europeus. E, dentre eles, os casos de crimes contra a honra são destaque, principalmente nas chamadas redes sociais da web, uma verdadeira praga virtual.

> "O Direito Eletrônico é uma boa área, mas engana-se quem pensa que temos tudo pronto, eu sempre acho que nunca estou pronto porque a velocidade das mudanças é muito grande, dedico um tempo diário de estudo para estar antenado com o que acontece e as tendências."
>
> Renato Opice Blum, *fundador de um dos primeiros escritórios especializados em Direito Eletrônico.*

Sugestões de leitura

Direito Digital, de Patrícia Peck.
Manual de Direito Eletrônico e internet, de Renato Muller da Silva Opice Blum.
Direito Eletrônico, de Tarcísio Teixeira.

Sites úteis

www.abdi.org.br (Associação Brasileira de Direito de Informática e Telecomunicações)
www.itechlaw.org (International Technology Law Association)

DIREITO DO CONSUMIDOR

Estudantes de Direito ou advogados recém-formados em busca de uma área dinâmica para atuar devem conhecer melhor o Direito do Consumidor. Trata-se de um mercado relativamente novo, carente de profissionais com especialização e dispostos a atuar na defesa dos consumidores propriamente ditos ou, do outro lado da questão, orientando empresas.

O Código de Defesa do Consumidor entrou em vigor em 1990 e revolucionou as relações comerciais no Brasil. Muitos dizem até que temos um conjunto de leis bastante moderno e as empresas precisaram de um tempo para se adaptar às novas regras. A verdade é que a legislação mostrou aos consumidores seus direitos e eles resolveram exigir que as empresas os respeitassem. O resultado é um novo campo de trabalho para advogados.

Em todo o mundo, a preocupação com o consumidor não é recente. Nos Estados Unidos, em 1929, surgiu a Consumer's Research, a primeira entidade no mundo a realizar testes em produtos de consumo. No Brasil, os primeiros sinais de preocupação com o consumidor surgiram na década de 70, quando o país experimentou um aumento na produção industrial e no consumo de bens e serviços.

Tudo isso acabou motivando a criação do Código de Defesa do Consumidor. Mas ainda não chegamos ao modelo ideal. Mesmo com as conquistas, há muito a ser feito.

"No que é imediato, houve conquistas importantes, como nos casos em que a pessoa compra um bem e não recebe, por exemplo, mas de maneira geral as empresas estão prejudicando os consumidores de forma ainda mais avassaladora que antes do Código de Defesa do Consumidor."

Josué Rios, advogado especialista em Direito do Consumidor e professor da PUC-SP.

COMO COMECEI

"Ainda no 4º ano da faculdade, consegui um estágio no Idec e, mesmo depois de formado, decidi continuar no instituto. Escolhi não atuar na defesa de empresas que violam as leis ou, de certa forma, não trazem benefício para a sociedade. E hoje do que eu mais gosto nesta área é saber que estou defendendo o lado que está certo. Por isso, eu não carrego nenhum peso na consciência. Pelo contrário, vejo que há lobbies fortíssimos e o consumidor é tão lesado que fico satisfeito em defender o lado mais fraco da sociedade."

Sami Storch, advogado especializado em Direito do Consumidor.

Para alguns especialistas, na época da elaboração e aprovação do Código de Defesa do Consumidor, também faltou um posicionamento maior das empresas e entidades ligadas ao turismo, no sentido de mostrar como as coisas acontecem nesse setor.

"Isso evitaria a perda de tempo e o acúmulo de processos que vimos; uma pessoa processava a agência, que processava o hotel, por exemplo. Com o passar dos anos, as jurisprudências modificaram a situação e tornou-se mais fácil lidar com os casos que envolvem o turismo e o Direito do Consumidor."

Luiz Eduardo dos Ramos Costa, advogado com mais de vinte anos de experiência no segmento de turismo.

Formação profissional

Um dos melhores caminhos para quem quer entrar nesta área é procurar um estágio durante a faculdade. Além de ajudar a conseguir um emprego depois de formado, o estágio é importante para que o jovem estudante conheça melhor a área e veja se é isso o que realmente quer. Em termos financeiros, os que escolhem atuar em defesa das empresas, em escritórios, são mais bem pagos que os que fazem opção pela defesa do consumidor. Esses últimos normalmente têm salários menores, mas são movidos por um ideal. Cursos de especialização no Brasil e no exterior também ajudam a elevar os rendimentos.

> "É uma área muito promissora, não há muitos advogados atuando. Um jovem que tem especialização em Direito do Consumidor é um profissional que se destaca dos demais."
>
> *Josué Rios, advogado especialista em Direito do Consumidor e professor da PUC-SP*

Se você pretende ingressar na faculdade, mas acredita que vai seguir carreira em Direito do Consumidor, é bom ficar atento. Como se trata de uma área nova, nem todas as faculdades oferecem a disciplina Direito do Consumidor na grade curricular; em algumas, aparece apenas como matéria opcional.

Atuação profissional

Em termos de campos de atuação, há duas grandes áreas: a defesa do consumidor, em organizações não governamentais e institutos, e a orientação e defesa de empresas. Ou seja, um advogado que queira atuar na defesa do consumidor provavelmente vai trabalhar em institutos como o Idec (Instituto Brasileiro de Defesa do Consumidor), em São Paulo, ou no Procon. E esse profissional precisa ter consciência de que a especialidade envolve economia, pois lida diretamente com os recursos daqueles que não são os donos dos meios de produção. Essa percepção, segundo especialistas, revela a grandeza da área de atuação. O consumidor, quando prejudicado, é atingido não apenas no bolso, mas na dignidade, na saúde, na segurança física e psíquica.

Direito do Consumidor

Já os que defendem as empresas atuam em escritórios próprios ou como advogados contratados de grandes escritórios. Josué Rios, professor da PUC-SP e um dos fundadores do Idec, conta que cresce a cada dia o número de grandes escritórios preocupados em ter uma equipe só para atender os casos de Direito do Consumidor apresentados pelas empresas. Isso acontece não só porque as empresas estão interessadas em prevenir e evitar eventuais problemas, mas também porque elas são vítimas de abusos em algumas situações.

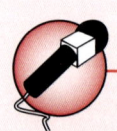

ENTREVISTA

Rosana Chiavassa é advogada especializada em Direito do Consumidor:

O que a levou a se especializar em Direito do Consumidor?
Foram as circunstâncias da vida de advogada. Fomos procurados por uma pessoa que precisava de um advogado exatamente nesta área, envolvia uma relação de consumo.

O início foi difícil?
Sim, todo começo é difícil, até mesmo pela falta de conhecimento específico, mas o advogado que abre mão de um cliente ou de uma causa por medo nunca progredirá.

O que é preciso, na sua opinião, para ser um bom advogado especializado em Direito do Consumidor?
Além dos deveres de todo advogado, o profissional que tiver interesse em seguir esta carreira deve se munir de muita paciência e afeto, pois vai estar ligado a valores subjetivos de cada pessoa e vai lidar com direitos constitucionais, envolvendo a intimidade, a privacidade, a honra, a saúde, a educação, etc.

Características do profissional em Direito do Consumidor

- gosto pelo Direito mais dinâmico;
- hábito de ler jornais, revistas e assistir aos noticiários de televisão;
- idealismo – especialmente para atuar na defesa do consumidor.

# Sugestões de leitura

Consumidor S.A., Revista do Idec.
Revista de Direito do Consumidor, Editora Revista dos Tribunais.
Direito do Consumidor, de José Carlos Maldonado de Carvalho.
Curso de Direito do Consumidor, de Rizzato Nunes.
Direito do Consumidor no Mercosul e na União Européia, de Eduardo Antonio Klausner.
Direito Penal do Consumidor, de Antonio Cezar Lima da Fonseca.
Código de Defesa do Consumidor interpretado, de Vidal Serra Nunes Júnior e Yolanda Alves Pinto Serrano.
Defesa do Consumidor e o Direito como instrumento de mobilização social, de Josué Rios.
A aplicação do Código de Defesa do Consumidor, de Rogério Medeiros Garcia Lima.

Sites úteis

www.procon.sp.gov.br (para os demais Estados brasileiros, basta substituir sp pela sigla de cada um, por exemplo, www.procon.mg.gov.br)
www.idec.org.br (Instituto Brasileiro de Defesa do Consumidor)
www.mj.gov.br/dpdc (Departamento Nacional de Defesa do Consumidor)
www.ideconbrasil.org.br (Instituto Nacional de Defesa do Consumidor)
www.mpcon.org.br (Associação Nacional do Ministério Público do Consumidor)
www.ftc.gov (Federal Trade Comission)
www.consumer.gov

DIREITO DO ENTRETENIMENTO

Se no Brasil esta é uma área pouco conhecida, nos Estados Unidos, por exemplo, já existem escritórios criados exclusivamente para atender a demanda do mundo do entretenimento. Alguns chegam a atuar em áreas específicas apenas, como indústria fonográfica ou cinema. Com o crescimento da indústria cinematográfica brasileira, alguns especialistas apostam na abertura deste novo nicho de trabalho para advogados. O problema é que o tema não é tratado na faculdade e não existem muitos cursos. O profissional precisa ser autodidata e, ao mesmo tempo, gostar do mundo do show business.

Formação profissional

Grande parte dos advogados que atua neste segmento, especialmente no Rio de Janeiro, São Paulo e Salvador, começou trabalhando com Direito Autoral e migrou para o Direito do Entretenimento. Mesmo assim, embora já existam alguns cursos de pós-graduação ou de curta duração, é preciso estudar por conta própria e buscar conhecimento para enfrentar as demandas dos clientes.

Outros profissionais também se originam da área de marcas e patentes e, por oportunidade, acabam se dedicando à indústria do entretenimento.

Fundamental, segundo os especialistas, é ter visão da advocacia preventiva, pois nesta área o advogado ajuda a evitar problemas, cuida dos contratos e gerencia eventuais problemas. Desenvolver boa capacidade de

Seu futuro em Direito

negociação é também um diferencial importante. Uma boa dose de jogo de cintura para lidar com as estrelas do cinema, da música e do teatro também são recomendáveis.

> "Antes de sair da faculdade, eu já tinha ideia de trabalhar com clientes internacionais, então fui para Marcas e Patentes. Por aí, cheguei ao Direito Autoral e me dediquei bastante, aprendendo com o dia a dia. Foi nesta fase que encontrei um mestrado em Direito do Entretenimento em Los Angeles, nos Estados Unidos. Acabei fazendo um estágio na Warner e, então, realmente descobri como funciona o universo das relações contratuais em Hollywood."
>
> Attílio Gorini, advogado especializado em Direito do Entretenimento.

Atuação profissional

O advogado especializado em Direito do Entretenimento quase sempre atua em escritórios de grande porte, para poder conciliar a especialidade com outra área de atuação. Isso acontece porque as indústrias cinematográfica e fonográfica brasileiras não são suficientemente grandes para garantir a atuação dos profissionais de Direito com exclusividade, como acontece nos Estados Unidos. Com mais demanda, é possível criar boutiques de Direito do Entretenimento.

Sugestões de leitura

Law business of the entertainment industries, de Donald E. Biederman e outros.
Entertainment law, de Leah K. Edwards e outros.
Entertainment, media and the law: Text, cases and problems, de Paul C. Weiler.

Site útil

www.law.ucla.edu/elr (Entertainment Law Review da University of Califórnia).

Direito do Mercado de Capitais

A economia brasileira, nos últimos anos, proporcionou um verdadeiro boom no mundo jurídico. Escritórios de advocacia dobraram de tamanho e se espalharam pelo país rapidamente para atender a demanda dos clientes, quase sempre empresas sem tempo a perder. Paralelamente, profissionais tiveram que se apressar para garantir a formação adequada à demanda, especialmente em algumas áreas, como o Direito de Mercado de Capitais. No início dos anos 2000, esta já era considerada uma área promissora. Viveu um boom inicial com a febre da abertura de capital nas empresas, os chamados IPO (Initial Public Offering), que fizeram surgir no mercado advogados especializados apenas neste nicho. Agora, prepara-se para um segundo momento, as fusões e aquisições, que capacitaram as empresas a acelerarem o crescimento e se tornarem mais rentáveis. Só que as negociações são complexas e exigem um corpo jurídico especializado em M&A (mergers and acquisitions).

Mercado de capitais é a poupança disponível de um país. Inclui o mercado financeiro propriamente dito e o chamado mercado de valores imobiliários. Ambos disputam os recursos financeiros de investidores e empresas. Por outro lado, o setor produtivo da economia busca dinheiro no mercado de capitais e teoricamente deveria ter a oportunidade de pesquisar no mercado financeiro e no mercado de valores imobiliários o que oferece mais vantagens e, depois, escolher de qual dos dois quer captar recursos.

Um advogado que atue na área de mercado de capitais tem três clientes em potencial, segundo o advogado Ary Oswaldo Mattos Filho, fundador do escritório Mattos Filho, Veiga Filho, Marrey Jr. e Quiroga Advogados e diretor da Direito GV, a escola de Direito da Fundação Getúlio Vargas, em São Paulo: o emissor, os intermediadores e o comprador (ou vendedor). Tomemos uma operação de lançamento de valores imobiliários, ações, por exemplo. O advogado pode ter como cliente a empresa que está emitindo estes títulos, quem está intermediando as transações (corretoras, a Bolsa, etc.) e, na outra ponta da negociação, quem compra ou vende.

Normalmente, advogados especializados em mercado de capitais atuam em escritórios, preferencialmente os de maior porte, e prestam serviços para clientes diversos.

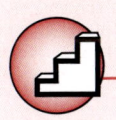

COMO COMECEI

"Iniciei a carreira no escritório Pinheiro Neto, na área de bancos, depois saí para fazer mestrado na Inglaterra, trabalhei lá como estagiário, em seguida me tornei sócio do escritório, fui atuar em Nova York e retornei ao Brasil. Hoje vejo que a experiência internacional nesta carreira é indispensável."

Edmundo Nejm é advogado especializado em Direito de Valores Mobiliários Brasileiros e Direito Bancário e sócio do Lefosse Advogados.

Formação profissional

O advogado Ary Oswaldo Mattos Filho aposta no futuro desta especialidade, mas, ao mesmo tempo, defende uma formação mais completa, que vá além do Direito. "Há um bom futuro para esta área, mas também defendo uma formação profissional mais completa. O advogado na área de mercado de capitais tem que dominar a linguagem do negócio que ele representa", explica.

Em praticamente todas as especialidades do Direito, principalmente nas que surgiram nos últimos anos, o conhecimento adquirido durante o curso de graduação não é o bastante. Direito de Mercado de Capitais, por exemplo, é algo que praticamente não é visto na graduação.

"A faculdade dá a base, ensina a pensar como advogado, mas é impossível esgotar em um curso todos os desafios que vamos enfrentar na vida profissional."

Edmundo Nejm, advogado especializado em Direito de Valores Mobiliários Brasileiros e Direito Bancário e sócio do Lefosse Advogados.

Direito do Mercado de Capitais

Ou seja, uma carreira de sucesso na área de mercado de capitais depende de uma base sólida em Direito e amplo conhecimento do mercado financeiro. Já Ary Oswaldo Mattos Filho, diretor do Direito GV e um dos precursores na área, vai mais longe e conta que, quando ainda atuava em seu escritório, na hora de contratar novos profissionais, a preferência era para quem havia feito graduação em Direito e Administração ou pelo menos pós-graduação em Administração. Hoje, a própria Fundação Getúlio Vargas já oferece ao aluno a possibilidade de fazer os dois cursos, estendendo o período de formação em dois anos. A formação dupla foi implantada em 2008 e o novo profissional deve chegar ao mercado em 2011.

> "Um advogado que escolha atuar na área de mercado de capitais tem que ser capaz de, no meio de uma reunião, 'sacar' uma calculadora HP e fazer uma conta."
>
> Ary Oswaldo Mattos Filho, fundador do escritório Mattos Filho, Veiga Filho, Marrey Jr. e Quiroga Advogados e diretor do Direito GV da Fundação Getúlio Vargas.

Como para quem atua no Direito Empresarial, a carreira em Mercado de Capitais exige que o advogado mergulhe no mundo dos negócios, entenda o mercado do seu cliente, o tipo de negócio que ele faz e mais, conheça técnicas de negociação, arbitragem, etc. "Não dá para ficar pensando que o advogado de Mercado de Capitais vai resolver todas as situações em juízo", lembra Mattos Filho. Com a lentidão dos processos, levar um caso à Justiça significa esperar dez anos pela sentença, e muitas empresas não conseguem sobreviver a isso. O advogado especializado em Mercado de Capitais precisa estar preparado para buscar soluções por outros caminhos, daí a importância de conhecer o negócio a fundo, dominar contabilidade, microeconomia, finanças, não só a legislação.

O caminho para o sucesso

Para quem gosta desta área, o caminho para o sucesso consiste em:

1) fazer graduação em Direito e Administração de Empresas (preferencialmente em faculdades conceituadas);
2) fazer estágio em escritórios conceituados, de preferência;

3) cursar mestrado profissionalizante no exterior;
4) em seguida estagiar em escritórios de Nova York ou de Londres.

Quase todos os especialistas em Direito na área de mercado de capitais ressaltam a importância da experiência no exterior. Isso porque, como é uma carreira nova, há pouquíssima literatura disponível no Brasil, e as faculdades de Direito aqui têm dificuldade em acompanhar, na mesma velocidade, as mudanças. As grades curriculares são engessadas e muitas das carreiras apresentadas neste livro nem sequer são citadas ao longo dos cinco anos de estudos. Muitas vezes a produção de material bibliográfico consistente leva vinte anos ou mais. Ary Oswaldo Mattos Filho cita o exemplo do Direito Tributário, que hoje já dispõe de um bom número de livros publicados a respeito, revistas especializadas e artigos. Deve-se mencionar, aqui, que a disciplina Direito Tributário foi incluída na grade curricular da faculdade de Direito da USP, em 1964.

DEPOIMENTO

Eu fiz o curso como ouvinte, porque já estava no 4° ano e a matéria matéria era para a turma do 3°. Trabalhava na Junta Comercial quando era estudante e mandavam para nós, na época cinco estudantes de Direito, os casos mais complicados para que discutíssemos. Eu lia muito e fui para os Estados Unidos fazer especialização em Societário e Tributário. Depois, fiz concurso na Fundação Getúlio Vargas também para dar aulas de Tributário e me tornei Juiz do Tribunal de Impostos e Taxas do Estado de São Paulo. Anos mais tarde, enjoei de tudo isso e quis mudar. Um dos meus alunos era primo do Alfredo Riscala, então presidente da Bovespa, em 1975, que precisava de alguém que conhecesse o Direito americano no que diz respeito a mercado de capitais e passei a ser consultor da Bovespa. Depois vieram corretoras, ajudei a fundar a BM&F e em 1985 mudei de área, de vez. Hoje, a demanda por advogados especializados em Mercado de Capitais é muito maior, embora tenha atingido o ápice durante os processos de privatização. Foi o grande boom desta área.

Ary Oswaldo Mattos Filho, fundador do escritório Mattos Filho, Veiga Filho, Marrey Jr. e Quiroga Advogados e diretor do Direito GV da Fundação Getúlio Vargas.

Direito do Mercado de Capitais

Atualmente, as empresas privatizadas também são um enorme campo de trabalho para advogados nesta área porque, ao contrário das estatais, elas preferem trabalhar com escritórios terceirizados, em algumas áreas, embora ainda mantenham equipes de advogados internamente.

E, nos últimos anos, o interesse das empresas brasileiras em abrir o capital para assim atrair investidores também criou um excelente nicho para advogados. Poucos escritórios conseguiram se capacitar rapidamente e preparar advogados para atuar no chamado IPO (Initial Public Offering), menos de uma dúzia, entre as centenas existentes em todo o país. Ou seja, quem estava preparado e de olho nos rumos do mercado soube aproveitar. Até julho de 2007, 27 empresas já haviam promovido a abertura de capital na Bovespa, a Bolsa de Valores de São Paulo, uma média de uma por semana, muito acima do registrado no ano anterior. Outra boa notícia é que não apenas empresas grandes passaram a pensar em entrar no mercado de ações, mas médias e pequenas também.

Número de IPOs
2004 – 7
2005 – 9
2006 – 26
2007* – 46

* dados da Bovespa até julho/2007

"Nossos clientes foram sinalizando a intenção de abrir capital e investimos na formação dos advogados para atender a essa nova demanda. Ainda temos advogados no exterior e incentivamos a formação cada vez mais completa."

Fábio Perrone Campos Mello, especialista em Mercado de Capitais e Fusões e Aquisições, sócio do escritório Campos Mello, Pontes, Vinci, Schiller Advogados.

Características do profissional em Direito do Mercado de Capitais

- domínio do inglês;
- conhecimentos sólidos em finanças, economia, contabilidade e administração;

- habilidade para ler contratos;
- ser capaz de buscar soluções;
- vivência profissional no exterior;
- capacidade de trabalhar bem ao lado de advogados estrangeiros, em equipes a distância.

Sugestões de leitura

Direito Bancário, de Nelson Abrão.
Aspectos atuais do Direito do Mercado Financeiro e de Capitais, de Roberto Quiroga Mosquera.
Direito do Mercado de Capitais, de Siegfried Kumpel.

Sites úteis

www.febraban.com.br (Federação Brasileira de Bancos)
www.societario.com.br (Investment Banking Highlights)
www.cvm.gov.br (Comissão de Valores Mobiliários)
www.bmf.com.br (Bolsa de Mercadorias e Futuros)
www.bmfbovespa.com.br (Bolsa de Mercadorias e Futuros – Bovespa)
www.anbid.com.br (Associação Nacional dos Bancos de Investimento)

Direito do Seguro

Esta é uma daquelas áreas do Direito que, por uma série de fatores, de repente tomou uma nova dimensão e passou a ser atraente. Muito atraente, segundo alguns profissionais.

Segundo o IBDS (Instituto Brasileiro de Direito do Seguro), o mercado de seguros no Brasil representa 3% do PIB (Produto Interno Bruto) e, há até bem pouco tempo, o Direito do Seguro era uma área praticamente ignorada por jovens advogados. Uma situação bem diferente da encontrada na Europa, Estados Unidos e, até mesmo, em outros países da América Latina – Argentina, México e Colômbia, só para citar alguns. Em todos esses países, o Direito do Seguro é assunto pesquisado exaustivamente nas universidades, além de ser uma carreira que desperta interesse de muitos advogados.

Voltando no tempo

A atividade seguradora no Brasil teve início ainda no período colonial, com a abertura dos portos ao comércio internacional, em 1808. A primeira sociedade de seguros a funcionar no país foi a Companhia de Seguros Boa-fé, em fevereiro daquele mesmo ano. A empresa queria trabalhar com seguro marítimo.

No Brasil, o Direito do Seguro começou a ganhar força na década de 90, embora tivesse grandes advogados até a década de 40.

De acordo com o presidente do IBDS, Ernesto Tzirulnik, a partir dos anos 40, com a criação do Instituto Brasileiro de Resseguros, o mercado viveu décadas de estagnação. O resseguro era monopólio do instituto. Depois, nos anos 70 e 80, outro problema:

> "Com a hiperinflação, o setor de seguros viveu uma espécie de 'atrofia técnica'. As seguradoras investiam os recursos captados na ciranda financeira, altamente lucrativa, e a operação técnica ficou estagnada. Foi só com a estabilidade econômica e com o Código de Defesa do Consumidor que as coisas começaram a mudar."
>
> Ernesto Tzirulnik, advogado especializado em Direito do Seguro.

O que é resseguro?

Resseguro é o seguro do seguro, literalmente. Sempre que uma companhia de seguros assume um risco superior à sua capacidade, ou seja, faz um contrato para segurar algo que não teria condições financeiras de suportar, essa empresa precisa repassar o risco a outra empresa. Entra em cena então a resseguradora. É uma prática comum no mundo inteiro, criada exatamente para garantir a saúde financeira das seguradoras e o ressarcimento do segurado, em caso de sinistro. No Brasil, resseguro foi, por muitas décadas, monopólio do Instituto Brasileiro de Resseguros (IRB), criado em 1939. O monopólio foi quebrado em 1996 e o IRB mudou de nome, passando a se chamar IRB-Brasil Resseguros, uma empresa estatal de economia mista e controle acionário do governo.

A Constituição de 1988 trouxe uma série de conquistas para os brasileiros, mas uma das mais importantes foi a consciência dos direitos.

> "A partir dos anos 90, influenciados pelo Código de Defesa do Consumidor, os cidadãos brasileiros descobriram que tinham direitos e que podiam exigir que fossem respeitados. Essa atitude mudou o mercado de seguros no país. A questão da prestação de serviços como relação de consumo ficou mais clara e as reclamações explodiram."
>
> Ernesto Tzirulnik, advogado especializado em Direito do Seguro.

E isso tudo coincidiu com a estabilidade financeira, que também mudaria o perfil das companhias seguradoras.

Direito do Seguro

Formação profissional

Embora a maioria dos estudantes de Direito do Brasil saia da faculdade sabendo muito pouco sobre Direito do Seguro, hoje em dia já é boa a oferta de cursos na área. Quase todos cursos livres, de curta duração, mas oferecidos por instituições importantes como a Fundação Getúlio Vargas, no programa de pós-graduação GVLaw, Pontifícia Universidade Católica de São Paulo, Escola Superior de Advocacia, da OAB, Universidade Federal do Paraná e outras.

De acordo com o IBDS, no entanto, a primeira tese de doutoramento a respeito do tema na USP (Universidade de São Paulo) só foi defendida em 2001, pelo advogado Paulo Luiz de Toledo Piza, com o título *Resseguro: tipologia, formação e direito internacional*. O que mostra que falta também pesquisa na área de Direito do Seguro e os interessados acabam tendo que recorrer a bibliografia estrangeira.

> "Acreditamos também que a pesquisa vai crescer nesta área e temos percebido, através do instituto, que é grande o interesse de jovens advogados e estudantes de Direito de todo o país."
>
> *Ernesto Tzirulnik, advogado especializado em Direito do Seguro.*

Para quem gostou da área e pretende ingressar, aqui vai mais uma dica. As mais importantes publicações sobre Direito do Seguro no exterior podem ser encontradas em espanhol. São traduzidas na Espanha, Argentina e Colômbia, entre outros países. Por isso, saber espanhol pode ser bastante útil.

COMO COMECEI

"Comecei a trabalhar em um escritório que tinha como cliente uma grande seguradora. Logo me apaixonei pelo assunto. Embora seja uma advocacia de massa, é peculiar. Cada caso é um caso. Não há um modelo, é muito dinâmico. Tudo se resolve na perícia e na audiência. Infelizmente, eu não tive esta matéria na faculdade e depois penei para aprender praticamente sozinha. Foi então que decidi fazer mestrado nesta área e estudar a fundo o Direito do Seguro."

Tatiana Druck, advogada de um escritório de médio porte no Rio Grande do Sul e autora da primeira dissertação de mestrado sobre o tema na UFRS (Universidade Federal do Rio Grande do Sul).

Atuação profissional

Para advogados recém-formados e estudantes de Direito, eis uma boa notícia. Além de estar vivendo uma nova fase, o Direito do Seguro vem se revelando, do ponto de vista financeiro, uma carreira bastante rentável. Isso porque envolve desde casos individuais ou de pequenos grupos, como aquele consumidor que tem um plano de saúde e de repente descobre que para tal doença não tem cobertura, até questões mais amplas, envolvendo cifras elevadíssimas, como o resseguro. Tanto assim, que muitos dos grandes escritórios já incluíram o Direito do Seguro entre suas áreas de atuação.

"Podemos dizer que o Direito do Seguro é uma boa selva, para quem está disposto a trabalhar, só que uma selva já com algumas clareiras e algum conforto. Eu mesmo comecei a atuar nesta área em 1982 e, em 2000, resolvi criar, juntamente com outros colegas, o Instituto Brasileiro de Direito do Seguro, com o objetivo de incentivar pesquisas, estudos, debates nesta área."

Ernesto Tzirulnik, advogado especializado em Direito do Seguro.

Uma questão, no entanto, ainda gera polêmica: quem escolhe o Direito do Seguro para fazer carreira pode atuar dos dois lados da questão, ou seja, pode ter como clientes empresas seguradoras e segurados ao mesmo tempo? Para Ernesto Tzirulnik, sim. "O direito é um só", diz ele. Outros discordam, como é o caso de Clávio Valença Filho, um advogado de Pernambuco que investiu na criação de um escritório especializado em Direito do Seguro em Recife. Para ele, é preciso optar. O escritório Valença Advogados e Consultores atende apenas seguradoras.

Aliás, a história do escritório de Valença é curiosa. Até 2000, era um escritório de advocacia convencional, mais generalista, daqueles que passam de pai para filho. De olho na demanda do mercado, Valença Filho virou o jogo e passou a apostar no Direito do Seguro. "Começamos a atender seguradoras, mostramos o nosso diferencial e vieram outras", conta o advogado. Logo a equipe foi ampliada para seis profissionais, dois deles recém-formados. "Eles não veem a disciplina Direito do Seguro na faculdade e tiveram que aprender na prática. Foram obrigados a estudar o assunto quando saíram da faculdade", explicou Clávio Valença Filho. Além de ampliar a equipe, para atender seus clientes da melhor maneira possível, Valença Filho investiu ainda na formação dos advogados, com cursos, e na integração do seu escritório com outros situados nas demais capitais do Nordeste e também no Sudeste.

Sugestões de leitura

O contrato de seguro, de João Marcos Brito Martins.
O contrato de seguro e o Código de Defesa do Consumidor, de Robson Pedron Matos.
A regulação de sinistro, de Ernesto Tzirulnik.
Curso de Direito do Seguro, de Ivan de Oliveira Silva.

Sites úteis

www.aida.org.br (Associação Internacional de Direito de Seguros)
www.irb-brasilre.com.br (Instituto de Resseguros do Brasil)
www.ibds.com.br (Instituto Brasileiro do Direito do Seguro)
www.susep.gov.br (Superintendência de Seguros Privados)
www.funenseg.org.br (Escola Nacional de Seguros)
www.fenaseg.org.br (Federação Nacional das Empresas de Seguros Privados e de Capitalização)

Bibliotecas sobre Direito do Seguro com consulta on-line

Biblioteca Roncarati – www.ibds.com.br/bibliotecas/Roncarati.htm **(com mais de 6.500 títulos)**
Biblioteca Etad – www.etad.com.br (a bibliotecária atende pesquisadores às segundas e quartas-feiras pelo telefone: 11-3825-4139)

DIREITO DO TRABALHO

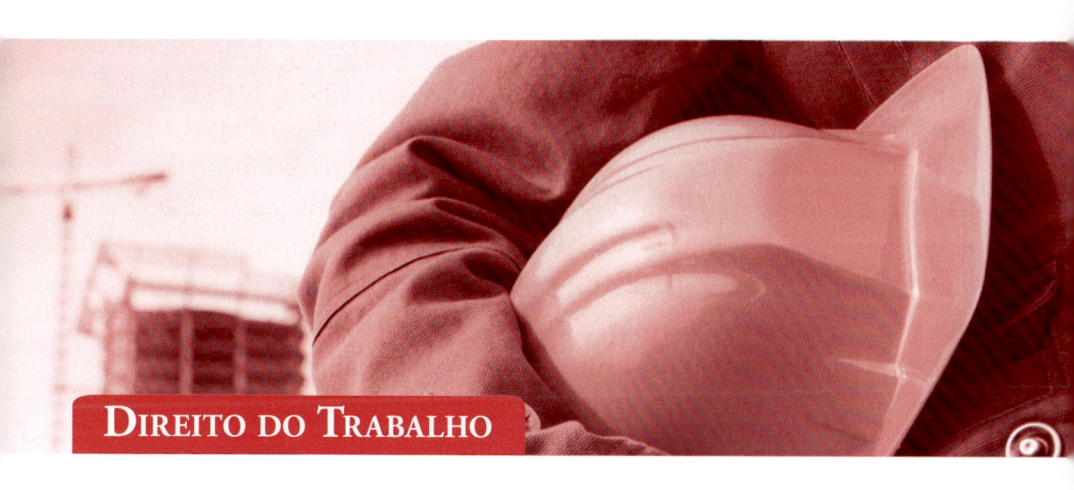

Se no passado, o Direito do Trabalho acabava se tornando uma alternativa, não por vocação, mas em função da demanda do mercado, a situação hoje é diferente. Jovens saem da faculdade decididos a seguir carreira em Direito do Trabalho, seja em escritórios que atuam com exclusividade na área ou em bancas de porte, com atuação em múltiplas áreas. O estigma que recaía sobre o profissional dessa área não existe mais. Ao contrário, temos um advogado cada vez mais valorizado e reconhecido.

A notícia é boa para quem está saindo da universidade ou se formou há pouco e beneficia os mais de 200 mil advogados especializados em Direito do Trabalho. Sim, dos cerca de 500 mil advogados brasileiros, nos últimos anos, metade escolheu o Direito Trabalhista. E profissionais são unânimes em dizer que ainda assim há carência de profissionais.

Há uma década ou mais, acreditava-se que a carreira era menos exigente, as petições eram mais simples e as vitórias na Justiça, quase certas. Costumava-se dizer que bastava fazer os cálculos de quanto o empregado deveria ter recebido e solicitar ao patrão que apresentasse o recibo, comprovando o pagamento. Na ausência do recibo, a Justiça determinava o pagamento.

Durante anos, os advogados trabalhistas atuaram na defesa dos direitos dos cidadãos ou, do outro lado do jogo, na orientação e defesa dos patrões. Mas o Direito do Trabalho, se comparado com outras carreiras, era, de certa forma, mais simples porque havia a proteção da legislação, a CLT (Consolidação das Leis do Trabalho), cujo descumprimento era facilmente identificável.

Tudo isso, em um primeiro momento, incentivou trabalhadores de todo o país a exigir o cumprimento dos seus direitos e tornou ainda mais promissora e rentável a carreira dos advogados trabalhistas.

Hoje, no entanto, o cenário é um pouco diferente e quem pretende ingressar nesta área precisa ter consciência de que as coisas mudaram, as exigências são maiores para o profissional de Direito Trabalhista, e as vitórias na Justiça mais complicadas, especialmente para quem atua do lado do trabalhador.

Do outro lado, entretanto, as empresas perceberam que contar com uma assessoria trabalhista permanente e preventiva é essencial para o sucesso do negócio.

> "Grandes escritórios de advocacia já oferecem aos clientes uma assessoria trabalhista de ótimo nível e de uma forma integrada às demais áreas de atuação (do Direito)."
>
> *Gloria Maria Brasil, advogada especializada em Direito do Trabalho.*

Formação profissional

O advogado trabalhista não é mais um aplicador do Direito, porque a proteção da lei não é mais tão ampla, depois das alterações feitas na CLT. Um bom advogado trabalhista passa a buscar fundamentação para suas causas na ética, e não apenas na CLT, como fazia antes. Por isso, quem quer se tornar um advogado trabalhista tem que se voltar para o Direito Trabalhista, claro, mas também se preocupar em buscar uma formação completa porque em diversos momentos vai ter que lançar mão de outros ramos do Direito, entre eles, o Direito Constitucional.

> "Eu acredito em boas faculdades, mas acredito principalmente no esforço pessoal, no talento, na capacidade de compreensão e percepção de que para se tornar um bom advogado trabalhista é preciso buscar a formação generalista."
>
> *Luis Carlos Moro, advogado especializado em Direito do Trabalho.*

Para se aprofundar na área, é essencial também ir pensando em um curso de pós-graduação, quem sabe até no exterior, nos programas de mestrado e doutorado, que ajudam o profissional a se manter atualizado e em sintonia com o que acontece em diferentes países em relação ao Direito do Trabalho.

No Brasil, hoje, a oferta de cursos de pós-graduação na área também aumentou e é possível buscar formação em Direito do Trabalho empresarial, Direito Coletivo do Trabalho, negociação intersindical, administração do risco trabalhista, entre outros. Profissionais também acreditam que a área de responsabilidade civil no mundo do trabalho também vai despontar, já que foi relacionada à Justiça do Trabalho recentemente.

Para um advogado se manter atualizado ou até mesmo descobrir se gosta da área, os ciclos de debates são boa oportunidade. Temas como dano moral no Direito do Trabalho, acidente de trabalho, penhora on-line, nova execução, estão em discussão. E outros devem surgir, pois o dinamismo tem marcado o Direito nos últimos tempos.

Atuação profissional

Uma boa maneira de começar a carreira é com estágios nos grandes escritórios de advocacia trabalhista. Grandes bancas oferecem também a oportunidade de conhecer a área e verificar, o que é mais importante, como o Direito do Trabalho se relaciona com as outras especialidades no mundo dos negócios.

Além disso, como nas demais áreas, ter um advogado mais experiente para orientar os primeiros passos é fundamental. Acompanhar os casos e procurar aprender com os erros e acertos dos outros também ajuda muito.

O Direito Trabalhista sempre proporcionou um bom rendimento para os advogados. Normalmente, nas causas envolvendo empregados, o advogado costuma receber um porcentual da indenização solicitada na Justiça. Quando atua em defesa de empregadores, o porcentual varia em função do que está sendo discutido na Justiça. Mas há advogados que cobram por hora ou por processo. Isso pode variar, uma vez que não podemos deixar de incluir a atuação preventiva, hoje muito procurada pelas empresas.

Com a informatização dos tribunais, o advogado que atua nesta área também teve a capacidade de trabalho ampliada e, consequentemente, os

Direito do Trabalho

ganhos. A Justiça do Trabalho foi a primeira a permitir ao advogado dar entrada em um processo e acompanhar todo o trâmite sem sair da frente do computador. Ou seja, os tribunais se equiparam para aceitar toda a tramitação on-line. O resultado foi, segundo os advogados, economia de tempo e possibilidade de captação de mais trabalho.

Ao ingressar nesta área hoje, o advogado recém-formado precisa estar ciente de que a questão do emprego no Brasil é muito grave e que a legislação trabalhista vem sofrendo processos de flexibilização. O primeiro momento de flexibilização foi nos anos 60, o segundo nos anos 80, com a Constituição, e o terceiro estamos vivendo hoje.

Na América Latina, as relações trabalhistas sempre foram reguladas por leis, enquanto nos Estados Unidos, por exemplo, funciona um sistema de convenção de patrões e empregados. Com a globalização, a pressão por mudanças se tornou ainda mais forte.

E as alterações na legislação têm sido tão frequentes que o advogado trabalhista precisa ter agora uma grande capacidade de adaptação. As primeiras alterações na CLT demoraram anos para surgir, hoje é diferente e quem não estiver atualizado vai enfrentar mais dificuldades para fundamentar suas causas. Se antes uma petição tinha duas páginas, hoje são necessárias quarenta para formular uma tese e justificar a defesa.

ENTREVISTA

Osvaldo Sirota Rotbande é advogado trabalhista há mais de vinte anos e atua exclusivamente na defesa de trabalhadores, sindicatos e entidades de classe.

O que o levou a se tornar um advogado trabalhista?

Foi a questão social. Sempre fui muito ligado à política, aos direitos sociais, tanto que em minha carreira só defendo trabalhadores. As empresas (pessoa jurídica) que aparecem aqui no meu escritório são sindicatos, entidades de classe, etc.

Quando uma empresa o procura com o objetivo de contratar seus serviços, o senhor se recusa a atender?

Primeiro, eu pergunto qual é o interesse da empresa. Se for corrigir o que há de errado e passar a cumprir a lei, tudo bem. Mas se, como a maioria, o objetivo for protelar as brigas com os trabalhadores, então não aceito.

É preciso ter um pouco de idealismo para se tornar um bom advogado trabalhista?

Não, não necessariamente. É verdade que quando se tem um ideal é bom, porque a gente trabalha por amor e isso é melhor. Mas mesmo quem não tem idealismo pode se tornar um bom advogado trabalhista ou de qualquer outra área. O fundamental é o jovem recém-formado, ou ainda na faculdade, procurar se encontrar, ver o que quer para si mesmo e em que área pode se realizar profissionalmente. Só assim vai fazer seu trabalho benfeito.

Curiosidade

Paqueiro, a prática de arrebanhar clientes para um advogado ou escritório de advocacia, quase sempre observada nos centros das grandes cidades, é ilegal e pode ser punida pela OAB (Ordem dos Advogados do Brasil) com suspensão dos advogados envolvidos. Os paqueiros, agentes de advogados, ficam nas ruas oferecendo advogados trabalhistas para aos passantes e recebem parte dos rendimentos do advogado. Informação: o termo paqueiro quer dizer cachorro perdigueiro caçador de pacas.

Dicas

No site do TRT de cada região (www.trt02.gov.br para São Paulo, por exemplo), estão os principais fatos relacionados ao Direito do Trabalho.

A CLT – Consolidação das Leis Trabalhistas, com todas as alterações, pode ser consultada na internet (www.planalto.gov.br/ccivil_03/Decreto-Lei/Del5452.htm).

Sugestões de leitura

Revista do Direito Trabalhista (RDT), da editora Consulex.
Revista Bonijuris Trabalhista, da Editora Bonijuris.
Direito do Trabalho, de Rodrigo Garcia Schwarz.
Direito do Trabalho, de Carlos Eduardo Paletta Guedes (Ed. Fundamento).
Responsabilidade patrimonial no processo do trabalho, de Homero Batista Mateus da Silva.
1000 perguntas e respostas de Direito do Trabalho e processo do trabalho, de José Cretella Junior e José Cretella Neto.

Direito do Trabalho

Introdução ao Direito do Trabalho, de Fabio Goulart Villela.
Curso de Direito do Trabalho, de Maurício Godinho Delgado.

Sites úteis

www.abrat.com.br (Associação Brasileira de Advogados Trabalhistas)
www.defesadotrabalhador.com.br
www.aatsp.com.br (Associação dos Advogados Trabalhistas de São Paulo)
ww1.anamatra.org.br (Associação Nacional dos Magistrados da Justiça do Trabalho)
www.pndt.com.br (Portal nacional de Direito do Trabalho)
www.pgt.mpt.gov.br (Portal do Ministério Público do Trabalho)

DIREITO ELEITORAL

Esta é uma área em franca expansão. Ganhou força com a redemocratização e ainda recebeu um grande impulso a partir de 1997, quando surgiu a legislação com as regras para as eleições em todas as instâncias: presidência da República, governos estaduais, prefeituras, assembléias legislativas, Senado, etc. Mais um aspecto impulsionou a especialidade recentemente, as alterações na legislação eleitoral. As possibilidades de propaganda nas ruas foram reduzidas ainda mais, o que tornou as disputas mais estratégicas, e o advogado virou peça fundamental. Um minuto a mais no rádio ou na televisão podem fazer grande diferença, e é preciso estar atento ao que o cliente/candidato faz, mas não deixar de ver o que o oponente está fazendo.

O mais interessante de tudo isso é que há pouquíssimos advogados atuando em Direito Eleitoral, pelo menos por enquanto.

Formação profissional

"Quem pretende atuar em Direito Eleitoral, principalmente em época de eleição, tem que ter boas sacadas. Não dá para ficar elaborando discursos muito complexos na hora de defender o cliente. Os prazos da Justiça Eleitoral costumam ser curtíssimos, vinte e quatro horas, e quem não souber desses detalhes específicos pode prejudicar seu cliente. Ou seja, fica claro também que não há espaço para aventureiros, é preciso dominar o assunto para garantir um serviço de qualidade."

Eduardo Nobre, advogado especializado em Direito Eleitoral.

Direito Eleitoral

O Direito Eleitoral para Eduardo Nobre surgiu quase por acaso. Um conhecido político paulista já havia escolhido o escritório em que ele trabalhava para atender sua empresa e, diante da relação de confiança estabelecida, seus processos anteriores, da época em que havia exercido um cargo público, também passaram para o escritório. Quando as eleições de 2002 estavam se aproximando, foi feita uma concorrência e o escritório assumiu a campanha.

Como era uma área nova, foi preciso buscar a ajuda de um consultor, e os advogados tiveram que estudar por conta própria. Na faculdade, grande parte dos profissionais só ouve falar de Justiça Eleitoral quando se explica a organização da Justiça no país.

Aqueles que ainda estão na faculdade e sonham com a carreira em Direito Eleitoral podem ficar de olho em duas disciplinas que serão muito importantes: o Direito Constitucional e o Direito Administrativo. Mas o bom é que já há cursos específicos sobre Direito Eleitoral de curta duração e até programas mais longos.

Alguns advogados, interessados em se aperfeiçoar, buscam os programas de mestrado e doutorado em Direito Constitucional e concentram a pesquisa em Direito Eleitoral. Hoje em dia, mesmo quem não quer seguir a carreira acadêmica deve ver como um diferencial os títulos de mestre ou doutor em uma determinada área.

Para conhecer bem o Direito Eleitoral antes de optar pela carreira nele, ainda na faculdade, o estudante pode buscar um estágio, ou melhor, tentar fazer parte de uma das equipes de campanha dos grandes escritórios. Nada mais interessante que viver intensamente as semanas que antecedem a votação para verificar se deseja realmente atuar nesta área. Em 2002, em um dos escritórios de grande porte precursores na área foram treinadas 17 pessoas (entre advogados e estagiários) e todos foram contratados, graças à experiência prática. Hoje, como os cursos sobre o tema se tornaram mais comuns, o ideal é combinar a experiência com a formação.

Estudar por conta própria também é um caminho obrigatório para quem deseja se sair bem na carreira. Isso, principalmente, porque medidas provisórias e reformas alteram o conteúdo das diversas legislações a todo momento.

Atuação profissional

Ao contrário do que muitos pensam, o Direito Eleitoral não se restringe ao candidato ou a partidos políticos, é preciso dominar o assunto para atender emissoras de rádio e televisão quando desejam realizar um debate ou uma série de entrevistas, institutos de pesquisa, grandes empresas que desejam fazer uma doação para determinado candidato, produtoras responsáveis pelos programas gratuitos para rádio e televisão, etc. Como se vê, há bastante espaço para o advogado que queira se especializar nesta área, e os grandes escritórios estão de olho nesses profissionais. Isso não só nas capitais, onde as eleições ganham outra dimensão por causa da escolha do governador, mas também nas cidades do interior, porque a cada quatro anos a população escolhe um novo prefeito e vereadores.

Para alguns especialistas, outra característica do Direito Eleitoral é a sazonalidade. A grande demanda acontece de dois em dois anos, quando temos eleições, embora ações decorrentes do processo eleitoral possam continuar tramitando mesmo com o fim da apuração dos votos e candidatos eleitos continuem precisando de apoio, pois quase sempre são alvo de investigação do Ministério Público. Por tudo isso, podemos identificar dois tipos de atuação diferentes em Direito Eleitoral: alguns profissionais atuam pontualmente na época das eleições, quando trabalham intensamente, outros trabalham permanentemente com um candidato ou partido, independentemente das eleições.

O trabalho mais pesado, certamente, se dá nas semanas que antecedem a eleição. Alguns escritórios chegam a montar estruturas, os chamados QGs, quartéis-generais, que funcionam nas vinte e quatro horas do dia, monitorando tudo o que sai na mídia sobre os candidatos e atuando com muita agilidade. A velocidade, nos minutos finais da corrida, pode ser decisiva. Um minuto de programa eleitoral gratuito do adversário que você consegue suspender pode mudar o cenário.

> "Houve dias em que saí do escritório às 6 horas da manhã. Não tinha sábado e domingo. A única vantagem é que a gente sabe quando tudo vai acabar."
>
> *Eduardo Nobre, advogado especializado em Direito Eleitoral.*

O ritmo é frenético, e a pressão do cliente/candidato, enorme. O advogado atua com um consultor, dando dicas e orientações ao candidato diante dos fatos. A maior preocupação dos políticos é com a inelegibilidade. Assim, a rotina de um advogado especializado em Direito Eleitoral durante as semanas que antecedem a eleição inclui:

Direito Eleitoral

- leitura de vários jornais por dia;
- não ter hora para sair do escritório;
- trabalhar nos fins de semana (a Justiça Eleitoral funciona);
- atuar em conjunto com profissionais de outras áreas, principalmente marketing;
- precisar ser ágil (os prazos da Justiça Eleitoral são curtos);
- estar sempre muito bem informado;
- ficar on-line vinte e quatro horas por dia.

"Já vi um colega perder o prazo por causa de quatro minutos a mais na fila do elevador."

Alberto Rollo, advogado especializado em Direito Eleitoral.

Em termos financeiros, as formas de remuneração também são diferenciadas. Um advogado que atue para um partido, por exemplo, tem um salário fixo. Já um escritório que seja escolhido para atender um candidato ou uma emissora de televisão às vésperas da eleição presidencial fixa o valor dos seus honorários de outra forma. Campanhas eleitorais sempre envolvem grandes somas e contar com uma boa equipe de advogados pode ser decisivo.

COMO COMECEI

"Em 1996, recebi um convite do Partido dos Trabalhadores para atuar na área jurídica. Desde então, estudo sozinho, aprendi na prática, porque é uma área em crescimento. Hoje, busco fazer só Direito Eleitoral, mas acabo tendo outras questões decorrentes, como processos de dano moral, por exemplo. Acredito que o trabalho nesta área seja constante, porque as ações não terminam com as eleições e ainda temos casos que aparecem no meio do caminho, como o falecimento de um vice-prefeito e a necessidade de convocar eleições fora da data."

Hélio Freitas de Carvalho Silveira, advogado especializado em Direito Eleitoral.

Características do profissional em Direito Eleitoral

- gostar de política, mas ser profissional (capaz de trabalhar para um candidato independentemente da sua filiação partidária);
- saber lidar com a informação, na velocidade dos dias atuais;
- ter habilidade para tratar com a imprensa;
- capacidade de elaborar discursos rapidamente (muitas vezes orais);
- facilidade de adaptação às diferentes rotinas de trabalho;
- capacidade de trabalhar sob pressão.

Sugestões de leitura

Lei eleitoral – estrutura, análise e jurisprudência, de Antonio Araldo Ferraz dal Pozzo e Eduardo Domingos Botallo.
Direito Eleitoral, de Vera Maria Nunes Michels.
Tutela coletiva no Direito Eleitoral, de Rodolfo Viana Pereira.
Teoria e prática do Direito Eleitoral, de Edson Resende Castro.
Direito Eleitoral, de Ricardo Cunha Chimenti.
Direito Eleitoral, de Edilson Mougenot e outros.

Sites úteis

www.tse.gov.br (Tribunal Superior Eleitoral)
www.paranaeleitoral.gov.br
www.tse.gov.br/eje/html/index.html (Escola Judiciária Eleitoral)
www.tse.gov.br/institucional/biblioteca/site_novo/index.htm (a biblioteca do TSE e link para as bibliotecas de outros tribunais)
ww.idpe.com.br (Instituto Brasileiro de Direito Político e Eleitoral)

Direito Imobiliário

Neste capítulo, vamos falar de uma especialidade em Direito que sempre foi uma boa opção, tem uma demanda estável, mas que, como todas as áreas, está tornando-se cada vez mais especializada e mais rentável.

Em algum momento de nossas vidas, todos nós alugamos um imóvel, compramos ou vendemos. Transações imobiliárias não param, mesmo nos tempos de crise continuam acontecendo, podem ser até impulsionadas, e exigem a atuação de um advogado.

Mas, nos últimos anos, com a inserção do Brasi na economia mundial, a área ganhou novo impulso. No Brasil, vimos construtoras abrirem capital e, com isso, passarem a atrair investidores sedentos por boas oportunidades. O país, sob esse aspecto, virou a bola da vez, e advogados vêm sendo cada vez mais recrutados para acompanhar transações imobiliárias, muitas delas de grande porte. A especialidade hoje figura como área de atuação das principais bancas jurídicas.

Formação profissional

Há alguns anos, não existia a figura do advogado especializado em Direito Imobiliário e a função acabava sendo exercida por advogados com formação generalista. Segundo Rodrigo Cury Bicalho, advogado especializado em Direito Imobiliário, hoje a situação é um pouco diferente e quem quiser se destacar na área, atender clientes que façam negociações maiores, preferencialmente empresas, precisa buscar uma formação complementar. "Antes trabalhávamos com um conjunto de regras simples, do Direito Civil. Bastava conhecer a matéria e saber elaborar contratos."

Na década de 90, com a estabilidade econômica, a chegada dos investimentos estrangeiros e o Código de Defesa do Consumidor, o setor imobiliário passou a viver um novo momento.

> "Para atuar como advogado imobiliário é preciso conhecer Direito do Consumidor, Direito Ambiental, Direito Urbanístico e até as regras do mercado financeiro, empréstimos, formas de garantia e securitização. Os fundos imobiliários, por exemplo, estão em evidência e a atuação empresarial do advogado acaba levando o profissional a dominar outras matérias."
>
> *Rodrigo Cury Bicalho, advogado especializado em Direito Imobiliário.*

Bicalho explica que nos últimos anos a legislação foi ficando cada vez mais complexa. Antes, tínhamos prédios comerciais ou residenciais. Hoje há hotel, shopping e, com os chamados polos de turismo, construções mistas. Se, por um lado, as mudanças forçaram a especialização, por outro valorizaram a especialidade.

Mais uma vez, o que se aprende na faculdade a respeito do assunto, salvo raríssimas exceções, não é suficiente para quem almeja uma carreira de sucesso. É preciso estudar por conta própria e também buscar cursos paralelos, muitas vezes de curta duração, que complementem o aprendizado, incluindo cursos sobre Direito Ambiental e Urbanístico, que são áreas afins. Existem alguns programas de pós-graduação, mais voltados para a área de Negócios Imobiliários, que também podem ajudar, e o jovem advogado também não deve descartar a possibilidade de fazer um mestrado ou até mesmo doutorado nesta área.

> "Hoje dificilmente alguém consegue se destacar no Direito sem ter uma especialização. Não dá mais para exercer a advocacia só com os conhecimentos básicos. A responsabilidade civil do intermediador da negociação imobiliária, o corretor, fica clara no novo Código Civil. Em uma simples locação, compra ou venda, o corretor está envolvido e pode ser responsabilizado legalmente."
>
> *Rodrigo Cury Bicalho, advogado especializado em Direito Imobiliário.*

Direito Imobiliário

O novo Código Civil deve levar imobiliárias a contratar advogados ou escritórios especializados. Paulo Hugo lembra que a questão da responsabilidade civil está em evidência em todas as áreas e agora vai ser destaque também no Direito Imobiliário.

Atuação profissional

Em termos financeiros, também há mudanças. Nas grandes transações imobiliárias, as cifras envolvidas são bem maiores, por isso os ganhos de um advogado que atue para empresas tendem a ser maiores. Especialmente quando entram em cena grandes empreendimentos. Regina Maria Zuffo Lavieri, advogada especializada em Direito Imobiliário, destaca que ter como clientes empresas é bem interessante, mas outro caminho igualmente rentável é formar uma carteira de clientes com investidores ou pessoas de elevado padrão financeiro.

Segundo a advogada, quem atua na área imobiliária normalmente não recebe um porcentual das transações, pois encareceria muito o negócio. Quase sempre cobra um valor fixo ou por hora de trabalho. "As pessoas estão cada vez mais cautelosas e procuram um advogado antes de fechar uma negociação", disse ela. O papel do profissional do Direito Imobiliário é examinar a documentação e trabalhar para que aquela transação seja segura. Ele busca, na verdade, evitar uma compra envolvendo um imóvel que está sendo executado judicialmente ou que não esteja regularizado, por exemplo. Depois do negócio fechado, tudo fica mais complicado.

Áreas de atuação

- desenvolvimento de empreendimentos para incorporadoras, construtoras e loteadoras;
- defesa dos interesses dos adquirentes;
- locação;
- crédito imobiliário;
- empresas que desenvolvem fundos imobiliários;
- companhias securitizadoras;
- contencioso (usucapião, regularização de imóveis, etc.);
- consultoria a empresas, investidores e pessoa física.

O caminho para quem pretende atuar nesta área acaba sendo nos grandes escritórios, que quase sempre têm advogados especializados, ou em escritórios menores, mas especializadíssimos, as chamadas butiques de advocacia, ou em empresas. Outra alternativa é se tornar advogado de empresas, como bancos, construtoras, administradoras e outras, ligadas ao mercado imobiliário. No último caso, o advogado tem uma renda fixa e vive uma situação mais estável, embora os ganhos sejam limitados, ao contrário do que ocorre no escritório.

Sugestões de leitura

Lei de locações de imóveis urbanos – comentada, de Maria Helena Diniz.
Locação e condomínio, de Adalberto de Andrade Maciel.
Direito Imobiliário em debate, de Maria Darlene Braga.
Seu imóvel, de Mauro Halfeld.
Direito Imobiliário, de Washington de Almeida.

Sites úteis

www.secovi.com.br (Sindicato da Habitação)
www.ademi.webtexto.com.br (Associação dos Dirigentes de Empresas do Mercado Imobiliário)

DIREITO INTERNACIONAL

Esta sempre foi uma carreira que despertou interesse dos jovens advogados, mas nos últimos anos, com a inserção do Brasil na economia mundial, passou a ser bastante promissora. As fronteiras entre os países deixaram de existir na prática, grandes corporações estão presentes em diversos países e, muitas vezes, é complicado até identificar a nacionalidade de determinada empresa. Paralelamente, a globalização da economia provocou efeitos sérios na legislação. Para garantir competitividade, poderíamos dizer que houve uma globalização das leis, ou seja, ajustes capazes de assegurar condições semelhantes, igualdade de oportunidades para companhias de diferentes nações.

Importações e exportações estão em evidência no mundo inteiro, não apenas de bens, mas de serviços, de ideias, de tecnologia, e há a todo instante um acordo sendo fechado entre duas empresas de múltiplos países. Por outro lado, acordos e convenções internacionais, principalmente em relação ao comércio internacional, passam a ser de interesse de empresários. O campo de trabalho é grande, mas, como sempre, há certas exigências para quem pretende atuar com destaque nesta área.

Formação profissional

Mesmo sendo uma carreira tão em evidência hoje, o Direito Internacional nem sempre recebe o devido destaque nas faculdades de Direito. Por ser disciplina do currículo básico, está presente em todos os cursos, o que se diferencia é a forma como é ministrado aos alunos.

> "A divisão básica do Direito Internacional é entre Direito Internacional Privado e Público, mas como é dado em sala de aula fica a cargo de cada professor. Muitas faculdades dividem o curso em dois semestres e apresentam aos alunos o público e o privado. Esta sempre foi uma carreira interessante, mas pouca gente se dava conta porque não tinha acesso à matéria. Só quem estudava na USP é que aprendia Direito Internacional na faculdade."
>
> Rui Décio Martins, professor de Direito Internacional.

Depois, com a globalização e com o advento do Mercosul, muitas empresas quiseram expandir sua atuação e a demanda por advogados especializados nesta área cresceu.

Campos de atuação do profissional em Direito Internacional

1) Advogado empresarial para questões internacionais: são profissionais que atuam no Brasil, mas estão envolvidos em questões que envolvem pessoas e empresas de diversos países. Exemplos: casos de empréstimos no exterior, captação de recursos para financiamento de projetos, emissão de ações, etc. O advogado brasileiro, nesse caso, atua no sentido de orientar o cliente e mostra de que forma o Direito brasileiro interfere na operação.

Exigências

- domínio do inglês, pois a maioria dos contratos é redigida nesse idioma;
- profundo conhecimento de Direito Civil e Comercial;
- conhecimento de convenções e legislações estrangeiras.

2) Advogado de empresas estrangeiras estabelecidas no Brasil: não é novidade para ninguém que as empresas estrangeiras planejam obter a maior fatia possível do mercado consumidor brasileiro e por isso estão instalando suas unidades aqui. A partir desse momento, passam a necessitar de apoio jurídico, dado, é claro, por advogados brasileiros que tenham um bom conhecimento de Relações Internacionais.

Direito Internacional

Exigências

- conhecer bem Direito Societário e Direito Civil;
- domínio de outros idiomas, principalmente inglês;
- ter interesse por Relações Internacionais.

3) Direito Internacional Público: muitos advogados já ingressam na faculdade pensando em atuar no Direito Internacional Público, de olho no grande mercado de trabalho que se abre na área de comércio internacional. O Direito Internacional Público regula as relações entre os países. Quando os representantes das nações se reúnem, discutem questões de interesse geral, criam regras, tratados e convenções. Quando tudo isso envolve o comércio entre os países, tais discussões e decisões são celebradas no âmbito da OMC (Organização Mundial de Comércio). Um advogado que atue nesta área pode ser consultor, atendendo empresas ou setores da economia, para analisar acordos e verificar até que ponto influenciam o negócio ou a economia de maneira geral, pode ainda atuar nos conflitos. Quando dois países se desentendem do ponto de vista comercial, o conflito entre as nações se dá na OMC, mas um advogado especializado nesta área pode atuar na defesa de uma empresa, por exemplo. Vimos há algum tempo o caso da Embraer x Bombardier, e o número de casos vem crescendo.

> "Este era um campo de atuação basicamente controlado por escritórios americanos e europeus. Aos poucos, os escritórios brasileiros de advocacia começam a se preparar para atuar nesta área."
>
> *Rabih Ali Nasser, advogado e mestre em Direito Internacional pela USP.*

Exigências

- especialização na área;
- domínio do inglês.

Além da área comercial, dentro do Direito Internacional Público, temos que citar também a questão das fronteiras, embora seja ainda incipiente no Brasil. Os acordos sobre fronteiras, sejam marítimas ou terrestres, também são matéria do Direito Internacional Público e, diante de um conflito, pode ser necessária a atuação de um profissional especializado.

4) Direito Internacional Privado: é basicamente o conjunto de normas de cada país que tratam da aplicação da lei nacional em casos que envolvem pessoas de diferentes nacionalidades. Por exemplo, um advogado pode ser requisitado para cuidar do caso de um casal, cada um de uma nacionalidade, que resolve se divorciar. Quem vai ficar com a guarda do filho, como fica a partilha de bens, etc. são questões a serem respondidas. Às vezes, há conflitos entre as leis de dois ou mais países e o Direito Internacional Privado tenta responder.

> "Hoje, o campo de trabalho é muito vasto. Oficialmente, mais de 2 milhões de brasileiros vivem fora do país."
>
> *Rabih Ali Nasser, advogado e mestre em Direito Internacional pela USP.*

Exigências

- domínio do inglês e de mais algum idioma;
- atualização constante.

Características do profissional em Direito Internacional

- gostar de estudar por conta própria;
- fazer pós-graduação em áreas afins, como Relações Econômicas Internacionais;
- buscar uma experiência no exterior (estágio, cursos, etc.);
- dominar inglês e mais um idioma, pelo menos.

Sugestões de leitura

Direito Internacional – público e privado, de Fernando Capez.
Da universalidade do Direito Internacional Público, de Luis Ivani de Amorim Araújo.
A liberalização do comércio internacional nas normas do Gatt-OMC, de Rabih Ali Nasser.
A imunidade de jurisdição e o Judiciário brasileiro, coordenado por Márcio Garcia e Antenor Pereira Madruga Filho.
O Direito do Comércio Internacional, de Antonio Carlos Rodrigues do Amaral.

Direito Internacional

Sites úteis

www.cedin.com.br (Centro de Direito Internacional)
www.ili.org (International Law Institute)
www.icj-cij.org (International Court of Justice)
www.oas.org (Organization of American States)
www.wto.org (World Trade Organization)
www.asil.org (The American Society of Internacional Law)

Direito Médico

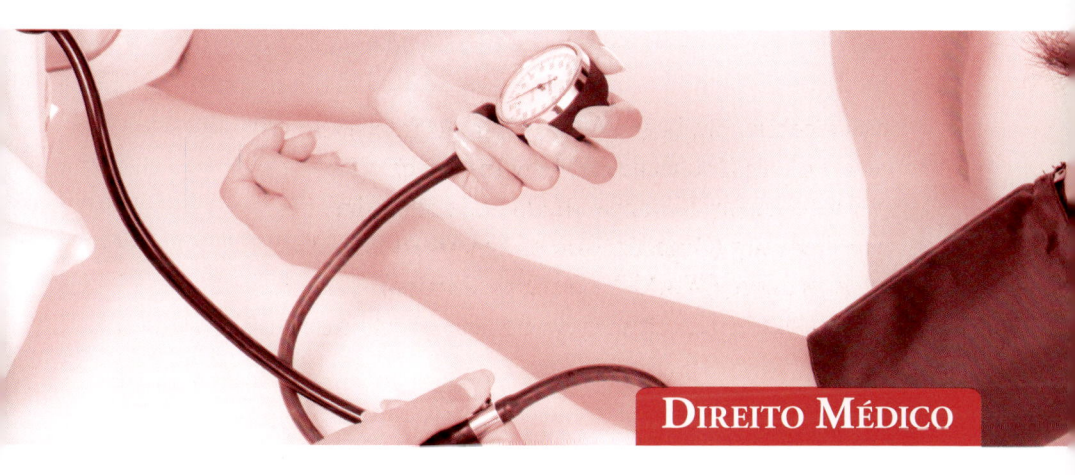

Muitos especialistas apostam que a grande alternativa para os futuros profissionais em Direito será o Direito Médico. Nos Estados Unidos, onde as indenizações por erro médico chegam a cifras milionárias, o número de advogados especializados nesta área é enorme. No Brasil, ainda são poucos os profissionais especializados. Alguns deles se formaram médicos e depois decidiram estudar direito exatamente para atuar em casos ligados à responsabilidade civil do médico. Mas, atualmente, nas faculdades de Direito percebe-se um interesse maior pelo assunto.

O Direito Médico, na verdade, é uma área nova, com poucos anos de existência. Pertence ao Biodireito, mas ganhou força com a nova Constituição, promulgada em 1988, e depois com o Código de Defesa do Consumidor (1990) e vem ganhando projeção à medida que as instituições médicas, hospitais e laboratórios se associam com empresas estrangeiras ou se tornam companhias de capital aberto, inseridas em outros mercados inclusive.

> "O Código de Defesa do Consumidor não fala objetivamente da relação médico-paciente, mas aborda questões relativas à prestação de serviço, e o médico é um prestador de serviços. A relação do médico com o paciente é uma relação contratual. Além disso, houve também uma conscientização maior dos cidadão para os seus direitos, o que colocou a questão do erro médico mais em evidência."
>
> *Roberto Lana, especialista em Direito Médico.*

Néri Tadeu Câmara Souza, médico e advogado especializado em Direito Médico, vai além e diz que os casos de erro médico já não são mais um assunto para ser resolvido "entre os colegas". Os conselhos de medicina estão mais severos e os médicos estão precisando cada vez mais recorrer a advogados especializados para se defender ou até se prevenir de futuros problemas. "Antes os médicos enterravam seus próprios problemas", diz o especialista.

Formação profissional

Para fazer carreira em Direito Médico, é preciso conhecer em profundidade três ramos do Direito quase sempre envolvidos na questão do erro médico: Direito Civil, Direito Penal e Direito Administrativo. Isso porque, além do processo civil, e penal se for o caso, na maioria das vezes o médico enfrenta um processo administrativo no Conselho Regional de Medicina.

Um advogado especializado em Direito Médico vai atuar em casos de infecção hospitalar, cirurgias malsucedidas, conflitos com planos de saúde, omissão de socorro, falsidade ideológica, envolvimento do médico com os pacientes e desvio de conduta, entre outros. Tanto do lado do médico, do hospital, quanto do paciente. Por isso, precisa conhecer a fundo a rotina de um profissional de Medicina, o funcionamento de um hospital, uma clínica e até as orientações do plano de saúde aos médicos credenciados. Mas este advogado não precisa necessariamente buscar uma formação em Medicina. Pode buscar conhecer mais a profissão ou até mesmo se cercar de bons consultores, estes sim médicos experientes.

O ponto de partida para uma carreira de sucesso em Direito Médico é buscar uma sólida formação na faculdade, dedicando-se especialmente ao Direito Civil, Penal e Administrativo. Depois de formado, o jovem advogado pode procurar cursos de pós-graduação, que começam a surgir agora no país, ou, quem puder, pode procurar um bom curso no exterior. Os Estados Unidos, a França e a Argentina oferecem bons programas de pós-graduação nesta área.

Como comecei

"Ingressei nesta área praticamente por acaso. Peguei um caso que envolvia a Santa Casa e percebi que havia uma vontade de extorquir dinheiro da entidade. Passei então a observar que muitos médicos eram processados por complicações extras, que não dependiam deles e em relação às quais não tinham culpa. Foi aí que decidi me especializar nesta área. O médico é a parte forte na relação com o paciente, então ele é quase sempre considerado culpado. E os médicos ainda não estão preparados para enfrentar situações deste tipo."

Rosana Jane Magrini, advogada especializada em responsabilidade civil do médico.

Atuação profissional

Algumas vezes, um caso de erro médico na família pode levar um advogado a optar por esta carreira. Foi exatamente isso o que aconteceu com Célia Destri, uma advogada carioca, que dois anos depois de formada passou por uma cirurgia para extração de um cisto no ovário. Por um erro médico, Célia teve complicações graves e acabou perdendo um dos rins. Depois de recuperada, decidiu que iria fundar a Avermes – Associação das Vítimas de Erros Médicos –, em 1991. Mais de dez anos depois, a entidade já ganhou 150 processos e tem outros 700 em andamento.

Célia Destri acredita que profissionais especializados nesta área têm futuro garantido porque há carência de advogados. Ela atua, juntamente com uma equipe de advogados, somente na defesa de vítimas de erros médicos (embora tenha entre seus clientes médicos que foram vítimas de erros provocados por outros profissionais) e também aposta na elevação dos valores pagos a título de indenização às vítimas.

Em termos de rendimentos financeiros, o Direito Médico é interessante tanto para quem atua na defesa do médico ou do hospital, quanto para quem defende o paciente, supostamente vítima de erro. "Para um médico, o seu maior patrimônio é a profissão, por isso teme ser cassado", diz Roberto Lana. Já quem atua na defesa do paciente pode receber um porcentual que varia de 15% a 20% das indenizações, além de um valor inicial e quantias mensais, dependendo do tipo de acordo firmado com o cliente. No Brasil, atualmente, as indenizações por erro médico chegam a mil ou 1,5 mil salários mínimos, mas esses valores tendem a crescer.

Direito Médico

> "As indenizações vão aumentar à medida que médicos tiverem seguro, assim como os hospitais já têm. Nos Estados Unidos, já vi advogados da Virgínia achando muito baixas as indenizações de US$ 1,5 milhão e pleiteando valores mais altos."
>
> Roberto Lana, especialista em Direito Médico.

Nenhum médico se arriscaria a trabalhar sem ter seguro nos Estados Unidos. Dentro de pouco tempo, isso será regra também no Brasil. No começo dos anos 2000, duas grandes empresas de seguro lançaram produtos para médicos; o custo variava em função da proporção de risco de o profissional ser processado.

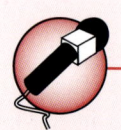

ENTREVISTA

Formado em Medicina em 1969, Néri Tadeu Câmara Souza voltou à faculdade na década de 90 e em 2000 se tornou advogado. Hoje, trabalhando em Porto Alegre (RS), se diz mais advogado que médico, embora ainda atenda pacientes no hospital:

Como descobriu o interesse pelo Direito Médico?
Eu me envolvi com administração hospitalar, comecei a lidar com situações que envolviam erros médicos e passei a desenvolver um raciocínio jurídico. Depois, decidi me formar advogado.

E hoje atua mais como médico ou advogado?
Mais como advogado, só atendo pacientes no hospital, não tenho mais tempo de ter consultório. Possuo um escritório de advocacia e trabalho em parceria com outro escritório maior.

É preciso ser médico para se tornar um bom advogado especialista em Direito Médico?
Não, não é essencial. Existem bons advogados nesta área que não são médicos. Isso depende de cada pessoa, do quanto ela quer investir na carreira.

Quem são seus clientes?
Médicos e hospitais, na maioria, até porque sou médico. Mas eu aceito defender pessoas vítimas de erros médicos, porque todo mundo tem direito à defesa.

Sugestões de leitura

Responsabilidade Civil do médico, de Miguel Kfouri Neto.
Direito Médico, de Genival Veloso de França.
Direito Penal Médico, de Manuel da Costa Andrade.
A Responsabilidade Civil do médico, de Edmilson de Almeida Barros Jr.
Fundamentos de Medicina Legal, de Genival Veloso de França.
Erro médico e Direito, de Delton Croce.
Responsabilidade Civil e Penal dos médicos nos casos de transplantes, de Alaércio Cardoso.

Sites úteis

www.ibemol.com.br/sodime/ (Sociedade Brasileira do Direito Médico)
www.aclm.org (American College of Legal Medicine)
www.legalmedicine.com.au (The Australian College of Legal Medicine)
www.waml.ws (World Association for Medical Law)

Direito Penal

Direito Penal

Há alguns anos, quando se falava em Direito Penal, pensava-se somente em homicídio, tráfico de drogas, crimes passionais, etc. Hoje, o Direito Penal ainda envolve todos esses casos, mas registra também uma mudança de perfil, um novo campo de trabalho. Muitos criminalistas importantes têm hoje, entre seus clientes, grandes empresas acusadas de crimes ambientais, tributários e até econômicos e que precisam de um bom advogado criminalista que as represente. Em conjunto com o tributarista, por exemplo, um criminalista ajuda uma empresa a enfrentar um processo por sonegação fiscal, uma acusação de lavagem de dinheiro ou remessa irregular de recursos para o exterior.

Formação profissional

O ponto de partida para se tornar um bom criminalista é, claro, fazer um bom curso de graduação em Direito. Mas esse é apenas um ponto de partida, depois é preciso continuar se aprimorando para estar em dia com as novas decisões, jurisprudências e sentenças. Um criminalista tem que estar antenado e conhecer todas as novas tendências para fazer a melhor defesa possível do seu cliente e permitir que, desse modo, a Justiça seja feita.

Para quem sonha em ganhar bem, o Direito Penal é uma área tentadora. Os melhores alunos, das melhores faculdades de Direito, que se interessam pela carreira criminal são disputados pelos grandes escritórios e começam como estagiários. Depois de formados, são contratados e, no fim de um ano de trabalho, já podem estar com uma renda mensal razoável.

Seu futuro em Direito

Tudo vai depender da dedicação do advogado recém-formado, da sua capacidade de estabelecer relações de confiança e captar novos clientes. Grandes profissionais podem ter os rendimentos elevados à estratosfera. Por apenas um caso criminal, é possível pedir R$ 1 milhão a título de honorários! Parece muito?! Pois não esqueça que o Direito Penal lida com o bem maior de todos nós: a liberdade.

Mas, se por um lado o Direito Penal oferece uma carreira bastante tentadora, com bons rendimentos, projeção e sucesso, por outro exige uma forte estrutura emocional. Um criminalista invariavelmente tem que visitar clientes na prisão, e as cadeias não são ambientes agradáveis. É preciso muitas vezes analisar laudos necroscópicos, com fotografias, e estudar detalhes de um assassinato, por exemplo. Não é todo mundo que consegue enfrentar coisas desse tipo com naturalidade. Para um criminalista, no entanto, é fundamental para o exercício da profissão.

Ética também é uma questão recorrente na vida de qualquer profissional e, quando se fala em Direito Penal, toma contornos ainda mais fortes. Não é incomum a imprensa noticiar que determinado criminalista assumiu um caso de repercussão nacional. Na maioria das vezes, os envolvidos são antecipadamente condenados pela mídia e o criminalista acaba também sendo julgado. "Como ele pode defender fulano?", muitos dizem sem esconder o espanto. Mais uma vez, é preciso ter estrutura emocional e conceitos muito bem definidos do que venha a ser Direito Penal, do que venha a ser Justiça.

Adriano Salles Vanni, criminalista e vice-presidente do Ibccrim (Instituto Brasileiro de Ciências Criminais, na gestão 2001/2002), diz que, dependendo do cliente, o preconceito pode aparecer, e aí a alternativa é ter postura profissional. Todo cidadão tem direito à defesa e só há dois caminhos, ou ele contrata um advogado, se tem recursos para isso, ou o Estado vai designar alguém. Nenhuma pessoa pode ser acusada e ficar sem defesa.

> "Embora o direito à defesa seja elementar em qualquer norma internacional de direitos humanos, a maioria das pessoas não entende a importância, tampouco a dinâmica do trabalho de quem defende réus acusados de crimes graves."
>
> *Gustavo Battaglin, advogado criminalista que assumiu a defesa de um dos maiores traficantes internacionais presos no Brasil: Juan Carlos Ramirez Abadia.*

Direito Penal

Dicas para se aprimorar

- ler regularmente publicações especializadas em Direito Penal – no Brasil temos, por exemplo, a Revista Brasileira de Ciências Criminais, editada trimestralmente pelo Ibccrim, Instituto Brasileiro de Ciências Criminais;
- fazer cursos de especialização em Direito Penal, no Brasil e no Exterior;
- ter pós-graduação na área, mestrado e doutorado.

COMO COMECEI

"Desde a faculdade, já sentia que gostava de Direito Penal, no 2º ou 3º ano sabia que era isso. Eu me apaixonei pelos casos, tive a sorte de ter um excelente professor que falava do Código Penal, e dava exemplos com os casos. Logo percebi que o Direito Penal era a verdadeira advocacia."

Adriano Salles Vanni, criminalista.

Atuação profissional

A melhor maneira de ingressar nesta área é por meio de estágios, ainda durante a faculdade. Criminalistas normalmente trabalham em grandes escritórios, ao lado de conceituados profissionais, ou fazem opção de abrir um escritório e ir, aos poucos, conquistando clientes. Dificilmente empresas contratam como funcionário um criminalista. Via de regra, as empresas preferem contratar um escritório quando precisam de advogados criminalistas.

É interessante notar também que os escritórios de advocacia criminal são sempre menores, com 3, 5 ou 7 advogados em média, enquanto escritórios de Direito Civil comportam 40 ou até 400 advogados. Isso acontece porque no Criminal o atendimento ao cliente é mais personalizado, a pessoa que está sendo acusada teme pela própria liberdade e deseja um relacionamento mais estreito com seu advogado. Por isso, o criminalista também deve estar preparado para este contato mais intenso com seus clientes.

Vantagens
> boa perspectiva de renda;
> possibilidade de abrir o próprio escritório.

Desvantagens
> preconceito da mídia e da sociedade em alguns casos;
> rotina inclui visita a prisões, hospitais penitenciários, etc.

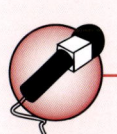

ENTREVISTA

Alberto Toron é um dos advogados criminalistas mais conceituados do país e professor da Pontifícia Universidade Católica de São Paulo. Fez Direito e Ciências Sociais e descobriu que tinha realmente vocação para a área criminal.

Como começou a carreira?
Na faculdade fui assistente jurídico de uma multinacional, ganhava mais que todos os meus colegas, mas não era o que eu queria. Comecei no Direito trabalhando no escritório de um grande advogado criminalista por cinco anos, depois abri meu escritório.

O começo foi difícil?
Digo sempre que foi fundamental ter um bom modelo para seguir, um advogado criminalista já experiente que me ajudou no início. Acho que todo recém-formado deve procurar um grande advogado para orientá-lo no começo de carreira, tirar dúvidas, trocar ideias. Quando abri meu escritório, segui o conselho de meu pai e assumi o maior número de casos que podia, para mostrar o meu trabalho. Cobrava valores que hoje considero irrisórios e atendia muita gente de graça.

A estratégia trouxe resultados?
Sim, no primeiro ano dobrei o número de clientes, em dois anos quadrupliquei. Hoje, não quero mais crescer, apenas manter. Mas comecei atendendo muita gente de graça e hoje continuo com essa prática. Alguns padres me mandam casos, pedindo que eu defenda, e eu aceito. O papel do advogado é defender, e a sociedade espera isso. Quando me perguntam porque defendo um estuprador, respondo que ele pode não ser culpado. Já tirei inocentes da cadeia e impedi que injustiças fossem feitas. Eu me orgulho da minha atuação.

Direito Penal

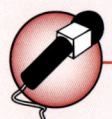

ENTREVISTA

Doutor em Direito Penal pela Faculdade de Direito da Universidade Complutense de Madri e Mestre em Direito Penal pela USP, Luiz Flávio Gomes é advogado criminalista e autor de diversos livros. Entre eles, *Juizados criminais federais, seus reflexos nos juizados estaduais e outros estudos* e *Princípio da Ofensividade no Direito Penal*. Foi Promotor de Justiça em São Paulo, Juiz de Direito e advogado. Atualmente, é professor nos cursos de pós-graduação da PUC-PR, de Curitiba, e da Universidad Austral, de Buenos Aires.

De que você mais gosta e o que menos lhe agrada nesta carreira?
O que mais gosto é de descobrir o senso do justo, sob o manto da Ética. O homem se aprimora à medida que faz do Direito o instrumento da Justiça. O que menos me agrada é a falta de curiosidade de alguns jovens para descobrir o que existe de novo. Com os recursos modernos, não se justifica não estar informado. Ninguém pode continuar sendo analógico na era digital.

Que sugestões daria para quem se interessa pela área?
Minha sugestão número 1: despertar curiosidade pelo que existe de novo. Conhecer os instrumentos jurídicos que possam levar a decisões justas. Abandonar definitivamente a maneira formalista e antiquada de aprender e ensinar o Direito.

Características do profissional em Direito Penal

- capacidade de ouvir (para não prejulgar);
- habilidade para falar (retórica);
- boa estrutura emocional;
- gostar de estudar.

Sugestões de leitura

Código Penal comentado, de Celso Delmanto, Roberto Delmanto e Roberto Delmanto Jr.
Código de Processo Penal e sua interpretação jurisprudencial, coordenação Alberto Silva Franco e Rui Stoco.

Grandes advogados, grandes julgamentos, de Pedro Paulo Filho.
Casos criminais célebres, de René Ariel Dotti.

Sites úteis

www.ibccrim.org.br (Instituto Brasileiro de Ciências Criminais)
www.aidpbrasil.org.br (Grupo Brasileiro da Associação Internacional de Direito Penal)
www.penal.org (Association Internationale de Droit Penal)

Direito Penal Econômico

Podemos dizer que o Direito Penal Econômico é um ramo do Direito Penal que se preocupa exclusivamente com os crimes contra a ordem econômica. Isso se justifica porque a economia de um país ou do mundo, em tempos de planeta globalizado, é sensível a ações de natureza criminosa, pois os danos podem ser de enorme impacto para o mercado, prejudicando milhares de pessoas, empresas e até a saúde financeira de uma nação. Para alguns estudiosos, o crime econômico se aproxima do crime organizado em alguns aspectos, especialmente na capacidade de se infiltrar no governo, com corrupção, por isso merece cuidados especiais. Ou seja, não é à toa que nos últimos anos surgiram profissionais especializados na área. Principalmente nos grandes escritórios. Profissionais capacitados para lidar com lavagem de dinheiro, crimes do colarinho branco, entre outros.

Formação profissional

Como estamos falando de uma área nova, quando a demanda começou a crescer nos últimos anos, pelo menos no Brasil, não havia onde recrutar advogados preparados. A saída foi capacitar profissionais, de modo emergencial, por meio da participação em conferências e seminários, especialmente nos Estados Unidos, França e Inglaterra. Hoje, já existem cursos de pós-graduação na área, mas especialistas não negam que a melhor forma de se aperfeiçoar ainda é combinando a teoria com a prática, caso a caso.

> "Advogados, juízes e promotores tiveram que aprender com o dia a dia; um bom exemplo é a questão da lavagem de dinheiro."
>
> *Jorge Nemr, advogado especializado em Direito Penal Econômico.*

Atuação profissional

Ainda são poucos os profissionais especializados em Direito Penal Econômico, mas a tendência, para quem quer seguir nesta área, é atuar em grandes escritórios, bancas com foco empresarial. O ramo exige também preparo para atuar em conjunto com advogados de outros países, uma vez que os negócios não têm mais fronteiras territoriais e vimos, nos últimos anos, escândalos envolvendo empresas baseadas em vários países ou com negócios em diversas partes do mundo, como Enron, Parmalat, entre outras.

Curiosidade

A chamada globalização das leis foi um movimento que começou nos Estados Unidos na década de 70, com a criação do Foreign Corruption Practice Acts (FCPA). Naquela época, foi feito um levantamento na bolsa de valores e percebeu-se que empresas com ações ali negociadas estavam envolvidas no pagamento de propinas e subornos em outros países, principalmente na África e Oriente Médio. O governo americano resolveu moralizar a atuação das empresas em outros países e criou uma lei que levava para a cadeia qualquer diretor de empresa americana que tivesse uma filial envolvida em processo criminal. A dura regra valia apenas nos Estados Unidos, o que afetou a competitividade porque as empresas europeias continuavam podendo lançar mão de propinas e acordos duvidosos para expandir seus negócios pelo mundo. Para acabar com a desvantagem mercadológica, começou-se uma campanha de convencimento do mundo inteiro a adotar as mesmas leis. Daí o nome globalização das leis. O Brasil entrou nesse processo a partir dos anos 90, com a abertura do mercado, pois um país só atrai investidores se oferece uma legislação em pé de igualdade com o resto do mundo.

Sugestões de leitura

Direito Penal Econômico, de Luiz Regis Prado.
Direito Penal Econômico – crimes econômicos, de Theodomiro Dias Neto e outros.

Direito Penal Econômico

Direito Penal Econômico, como Direito Penal de Perigo, de Renato de Mello Jorge Silveira.

Site útil

www.bcrc-uk.org (Business Crime Reduction Centre)

Direito Previdenciário

Esta não é propriamente uma área nova. Há muitos anos existem advogados trabalhando com Direito Previdenciário. A novidade é que está começando a crescer no mercado uma demanda pela figura do especialista em Direito Previdenciário e os clientes, principalmente os mais bem informados, não querem o advogado generalista para cuidar dos seus interesses. Vão buscar sempre o especialista.

Outro detalhe importante, que ajuda a tornar o cenário ainda mais atraente, é que a previdência no Brasil vive um momento especial. Por um lado, o boom dos planos de previdência privada e, por outro, um foro especial, criado em meados de 2002, pela Justiça Federal, para agilizar os processos contra o INSS vai, em um curto espaço de tempo, estimulando as pessoas cada vez mais a entrar na Justiça. Gente que acabava desistindo diante da demora da Justiça começa a ficar animada quando descobre que o vizinho ou amigo ingressou com uma ação para rever o valor do benefício pago, por exemplo, e a decisão judicial saiu logo. A avaliação é de Wagner Balera, advogado especializado em Direito Previdenciário e professor da PUC de São Paulo.

> "Posso dizer que esta é uma carreira promissora também porque a previdência privada aberta está crescendo muito no Brasil. Só para se ter uma ideia de como as coisas são recentes, a legislação para previdência privada é de 2001. E estamos falando de planos de longo prazo, dez, quinze, vinte, trinta anos. Ao longo desse tempo muitos problemas vão surgir, e as pessoas vão precisar de advogados especializados no assunto para brigar por seus direitos."
>
> *Wagner Balera, advogado especializado em Direito Previdenciário.*

Direito Previdenciário

COMO COMECEI

"Durante a faculdade, eu tive aula de Direito Previdenciário e achava a disciplina interessante, mas depois de formado fui atuar inicialmente em outras áreas. Depois de um tempo, reencontrei o professor de Direito Previdenciário, Sérgio Pardal Freudenthal, e acabei indo trabalhar com ele. Nesta área, o advogado pode atuar mais na parte administrativa, dando entrada nos pedidos de aposentadoria do INSS, ou diretamente na Justiça, quando o pedido é indeferido ou o aposentado não está satisfeito com o valor do benefício. A gente ganha sempre no volume de processos, porque os valores não são altos."

Demis Ricardo Guedes de Moura, advogado especializado em Direito Previdenciário.

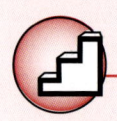

Formação profissional

Para Pierre Moreau, especialista em Direito Previdenciário, "o mercado de trabalho está carente, mas de qualidade, e não de quantidade de profissionais". Em outras palavras, há espaço para advogados que queiram atuar na área, mas é preciso ter formação sólida. "Muita gente foi aprendendo na prática, mas hoje a especialização está disponível e quem não buscar uma pós-graduação corre o risco de se tornar um burocrata", disse Moreau.

Ele mesmo começou fazendo estágio na área de Direito Financeiro Internacional, cuidava de dívida externa. Depois, decidiu montar o próprio escritório, e a situação mudou muito. "Começaram a aparecer mais casos ligados ao Direito do Trabalho e Previdenciário e fui buscar especialização. Fiz mestrado e atualmente sou mais consultor de fundos de pensão. Acho que o advogado acaba optando por uma área de ação, do lado das instituições ou dos beneficiários. São estilos de ação diferentes."

O advogado não precisa buscar necessariamente a especialização assim que sai da faculdade, muitos precisam começar logo a trabalhar. O importante, especialmente no Direito Previdenciário, é não se acomodar e buscar cursos, programas de pós-graduação que ajudem a ampliar o campo de trabalho do advogado.

Seu futuro em Direito

Como buscar uma boa formação

1) procurar um curso de graduação em Direito que ofereça a disciplina Direito Previdenciário, por pelo menos um ano;
3) dar especial atenção às disciplinas Direito Constitucional, Tributário e Direito do Trabalho, que interagem com o Direito Previdenciário;
4) fazer pós-graduação na área, de preferência mestrado e doutorado.

Atuação profissional

- **Previdência privada fechada** – são os fundos de pensão de grandes empresas, como Petrobras. Oferece aos funcionários da empresa uma espécie de aposentadoria complementar. Um advogado pode atuar tanto do lado dos gestores do fundo, quanto dos funcionários.
- **Previdência privada aberta** – foi criada pelos bancos para complementar a aposentadoria pública. Pode ser cumulativa. O trabalhador paga um valor determinado por um período e depois começa a receber. Advogados especializados tanto podem trabalhar para os bancos, como para os clientes.
- **Previdência pública** – é a oferecida pelo INSS (Instituto Nacional de Seguridade Social). Vive um desequilíbrio enorme entre arrecadação e despesas. Advogados especializados são requisitados por contribuintes que não conseguem receber aposentadoria, aposentados insatisfeitos com o valor pago, etc.

Financeiramente, o Direito Previdenciário também se revela uma área interessante. Não é possível ganhar muito dinheiro em um caso apenas, principalmente na previdência pública, em que os valores pagos quase sempre são baixos. Mas o que torna a carreira rentável é que há milhares de casos iguais ou grandes grupos vivendo o mesmo tipo de problema. Veja-se um exemplo do professor Wagner Balera: o Estado de São Paulo era obrigado, pela Constituição Federal, a pagar às viúvas dos funcionários públicos uma pensão equivalente a 100% do salário do servidor. Mas até 2002 não fazia assim. Uma ação judicial nesse sentido obteve vitória na Justiça, e dá para imaginar a quantidade de pessoas vivendo esse mesmo problema. Todas, inevitavelmente, vão procurar a ajuda de um advogado. Ou seja, são porcentuais pequenos que o advogado recebe em cada uma das ações, mas juntando muitas... E com a ajuda da tecnologia, que hoje permite ao advogado cuidar de um volume maior de processos, com a mesma estrutura e equipe do passado.

Na previdência privada, os valores são maiores e, mais uma vez, os casos são semelhantes, pois envolvem grupos numerosos, o que deve tornar a carreira ainda mais interessante do ponto de vista financeiro.

Sugestões de leitura

Direito Previdenciário, de Wagner Balera e outros.
Competência Jurisdicional na previdência privada, de Wagner Balera.
Curso de Direito Previdenciário, de Fabio Zambitte Ibrahim.
Revista Previdência Social, LTr Editora (mensal).
Revista dos fundos de pensão, publicação mensal da Abrapp – Associação Brasileira das Entidades Fechadas de Previdência Complementar.
Fundos de pensão instituídos na previdência privada brasileira, de Juliano Sarmento Barra.

Sites úteis

www.dataprev.gov.br/sislex/ (Sistema de Legislação, Jurisprudência e Pareceres da Previdência e Assistência Social)
www.previdenciasocial.gov.br (Ministério da Previdência Social)
www.fenaprevi.org.br (Federação Nacional de Previdência Privada)
www.susep.gov.br (Superintendência de Seguros Privados)

Seu futuro em Direito

DIREITO SANITÁRIO

Já pensou em se especializar em uma área pouco conhecida até dos colegas advogados? Pois é, estamos falando do Direito Sanitário, uma carreira nova e muito promissora. Nos últimos anos, cresceu o número de profissionais especializados, mas ainda há carência de profissionais, e outra vantagem é que já existem bons programas de especialização no Brasil.

> "O Direito Sanitário virou moda depois que a Constituição foi promulgada, em 1988, por causa da universalização do direito à saúde. Até então, o papel do Estado era mais policialesco, hoje é mais preventivo e preocupado com a criação de políticas para a saúde. E pouca gente vem para esta área porque imagina que ganhamos mal."
>
> *Marília Torres, advogada especializada em Direito Sanitário e consultora de empresas e órgãos públicos.*

Direito à saúde – o conceito de Direito à saúde, aliado ao reconhecimento de que a saúde da população está relacionada com suas condições de vida, surgiu no começo do século 19, mas ganhou destaque depois da Segunda Guerra Mundial. Duas grandes guerras, em um espaço de vinte anos, levaram a sociedade a criar um pacto, personificado na Organização das Nações Unidas (ONU), e buscar a garantia de alguns direitos essenciais aos homens, entre eles a saúde. Nessa época, surgiu a OMS (Organização Mundial da Saúde).

Direito Sanitário

Formação profissional

Quase todos os advogados especializados em Direito Sanitário, hoje, ingressaram nessa carreira por acaso, uma vez que nos cursos de graduação de Direito a disciplina praticamente não aparece.

> "Fui trabalhar na Secretaria de Saúde de São Paulo em uma época de grandes mudanças, estava em implantação o convênio com o então Suds. Gostei tanto que decidi fazer o primeiro curso de especialização oferecido pela USP, em 1989."
>
> Lenir Santos, advogada, presidente do Idisa (Instituto de Direito Sanitário Aplicado) e procuradora da Unicamp.

Mas quem ainda está na faculdade e tem interesse em fazer carreira no Direito Sanitário pode aproveitar para conhecer bem quatro áreas que serão fundamentais no exercício da especialidade: Direito do Consumidor, Direito Penal, Direito Civil e Direito Administrativo. Para Beatriz Kestener, do escritório Mattos, Muriel e Kestener Advogados, o Direito Sanitário nada mais é que o Direito Administrativo voltado para a saúde, e quem deseja se dar bem nesta área, segundo ela, precisa conhecer bem as legislações específicas e dominar a linguagem técnica, não só para entender o que está sendo discutido, como para explicar os fatos, diante do juiz, por exemplo. "Eu prefiro sempre contar com a ajuda de um técnico na hora de atuar, considero essencial", disse Beatriz.

Embora seja uma área nova no Brasil, o Direito Sanitário é tradicional no mundo inteiro. "Em Bolonha, na Itália, por exemplo, existem cursos de especialização em Direito Sanitário desde 1962", disse a professora Sueli Dallari, da USP. No Brasil, a sistematização de informações só veio no fim da década de 80, com a criação do Cepedisa (Centro de Estudos e Pesquisas de Direito Sanitário), que, além de cursos de especialização, criou um banco de dados da legislação sanitária nacional, com leis e atos administrativos das três esferas de poder, municipal, estadual e federal.

No mundo todo, a saúde passa a ser reconhecida como um direito do homem a partir de 1948, quando a ONU adotou a Declaração Universal dos Direitos do Homem. Mas foi só em 1977 que a OMS criou um Comitê

Consultivo de Legislação Sanitária para auxiliar os estados-membros da organização. Menos de dez anos depois, em 1984, já podiam ser encontrados cursos de Direito Sanitário em quase todos os países da Europa, e os mais amplos programas de pós-graduação estavam na Itália e na França.

Mas a maior mudança é, sem sombra de dúvida, a criação da Anvisa, a agência reguladora que ocupou o lugar da Secretaria de Vigilância Sanitária, com poderes para regular e fiscalizar. Isso aconteceu no fim da década de 90, juntamente com todas as outras agências reguladoras, e mudou o cenário para as empresas de maneira geral porque antes a direção era mais política e, com a Anvisa, passou a ser mais técnica.

"Para nós, advogados, há muitas mudanças nos últimos anos, especialmente porque a Anvisa adotou um conceito eficiente de autofiscalização para a cadeia produtiva, uma empresa fiscaliza a outra. Assim, o trabalho hoje é ainda maior para os advogados porque toda a cadeia está envolvida. E, em algumas questões, é preciso que o cliente saiba o que a Anvisa considera boas práticas, pois precisa cumpri-las para garantir a competitividade da empresa no mercado."

Beatriz Kestener, advogada especializada em Direito Sanitário.

Dicas para se aprimorar

- procurar cursos sobre o assunto;
- manter-se atualizado a respeito das legislações e aprimorar a capacidade de pesquisa;
- conhecer o negócio do cliente e estar em sintonia com o que acontece na empresa e no setor em que ela atua;
- acompanhar as novidades da área pela leitura frequente de artigos publicados nas revistas especializadas.

COMO COMECEI

"Eu comecei nesta área por acaso, estava cuidando de um caso ligado ao Direito Penal, era uma reclamação de consumidor na área de alimentos. Depois, o mesmo cliente teve um problema com cosméticos. Quando eu vi, já estava mergulhada no Direito Sanitário! Descobri que esta é uma área muito interessante, tem poucos profissionais especializados e um futuro muito promissor. Daqui a alguns anos, as empresas vão descobrir que, quando se trata de Direito Sanitário, é melhor trabalhar em conjunto com um advogado especializado."

Beatriz Kestener, advogada especializada em Direito Sanitário.

Atuação profissional

Tudo o que envolve a saúde, no campo público ou privado, envolve o Direito Sanitário. Vigilância Sanitária, Vigilância Epidemiológica, registro de medicamentos, incluindo os genéricos, registro de alimentos e outras questões intimamente relacionadas com o Biodireito, como inseminação artificial, são alguns dos assuntos relacionados ao Direito Sanitário. Na esfera privada, o melhor caminho para atuar na área é trabalhar em escritórios grandes, com especialistas de várias áreas, ou nas chamadas butiques, pequenos escritórios especializadíssimos. Aliás, uma das tendências do Direito.

No poder público, é possível atuar como consultor ou como funcionário contratado.

"Secretarias de Saúde estaduais ou municipais precisam de um advogado especializado em Direito Sanitário."

Lenir Santos, coordenadora de projetos do Idisa.

Marília Torres, advogada especializada em Direito Sanitário, hoje só atua como consultora. "Quando o caso chega ao conflito, passo logo para um colega", brinca a advogada. Ela atende governos, empresas e até profissionais da área de saúde. Quando alguém escolhe o caminho da consultoria, precisa ter um pouco mais de paciência, formar uma boa carteira de clientes e assim obter uma boa rentabilidade financeira.

Quase sempre, a carência de profissionais faz aumentar a possibilidade de ganhos financeiros. No Direito Sanitário, é exatamente isso o que acontece. Para quem se especializa nesta área, há inúmeros concursos públicos, incluindo o Ministério Público, que passou a se preocupar também com a saúde, mas existem também excelentes oportunidades na iniciativa privada.

> "Tenho alunos que fizeram especialização em Direito Sanitário e estão ganhando muito dinheiro em escritórios de advocacia."
>
> *Sueli Dallari, professora da USP e membro da diretoria do Cepedisa (Centro de Estudos e Pesquisas de Direito Sanitário).*

Para atender empresas, no entanto, é preciso ter vocação para o exercício do Direito empresarial, porque o Direito Sanitário está relacionado a vários aspectos do negócio; do marketing ao setor financeiro, tudo se relaciona à especialidade. Um profissional que queira se destacar deve estar muito perto do cliente e, ao mesmo tempo, entender que, diante dos órgãos públicos, a credibilidade depende da postura. Não se pode falar em perdas financeiras com um gestor de saúde quando o drama é perda de vidas, por exemplo.

Sugestões de leitura

Revista de Direito Sanitário/Journal of Health Law, publicação quadrimestral do Cepedisa.
Curso de Direito Sanitário – a proteção do direito à saúde no brasil, de Fernando Aith.
Manual de Direito Sanitário com enfoque na Vigilância Sanitária, Série E. Legislação da Saúde. Secretaria de Vigilância em Saúde. Ministério da Saúde.
Revista ciência e saúde coletiva, publicação da Abrasco – Associação Brasileira de Pós-graduação em Saúde Coletiva.
Revista brasileira de epidemiologia, publicação da Abrasco – Associação Brasileira de Pós-Graduação em Saúde Coletiva.

Revista Radis, parte do programa Radis – Reunião, Análise e Difusão de Informações sobre Saúde.

Cadernos de saúde pública, publicação mensal editada pela Escola Nacional de Saúde Pública Sérgio Arouca, Fundação Oswaldo Cruz.

Sites úteis

www.anvisa.gov.br (Anvisa – Agência Nacional de Vigilância Sanitária)

www.idisa.org.br (Instituto de Direito Sanitário Aplicado)

www.ensp.fiocruz.br (Escola Nacional de Saúde Pública Sérgio Arouca – Fundação Oswaldo Cruz)

www.abrasco.org.br (Associação Brasileira de Pós-graduação em Saúde Coletiva)

www.hygeia.fsp.usp.br/cepedisa/ (Centro de Estudos e Pesquisas de Direito Sanitário)

DIREITO TRIBUTÁRIO

Com a complexidade cada vez maior dos tributos, o advogado especializado em Direito Tributário tem sido bastante disputado. Não é para menos, basta pensar que um volume enorme de dinheiro, o equivalente a 37% do PIB (Produto Interno Bruto) do Brasil, vai para a área tributária e isso tem que ser estudado cuidadosamente para evitar erros ou escolha de alternativas mais onerosas para as empresas.

Especialização é a palavra-chave em diversas áreas do Direito, mas, quando se fala em Direito Tributário, assume uma característica bem diferenciada. É possível encontrar profissionais especializados em apenas um tipo de tributo, federal, estadual ou municipal. Há aqueles que se dedicam apenas ao impostos diretos (PIS, Cofins, Imposto de Renda) ou aos indiretos (ICMS, ISS e outros). Ou mais, advogados especializados em apenas um tributo, Imposto de Renda, por exemplo, ou IOF (Imposto sobre Operações Financeiras). Há uma tendência ainda de especialização por área, Direito Tributário em e-commerce, na área de energia, Direito Tributário Internacional, etc. Esse grau de especialização é resultado de um sistema tributário complexo, com mais de três mil normas, que sofrem mudanças quase diariamente.

Formação profissional

Quem está ainda na faculdade e quer seguir a carreira de advogado tributarista vai precisar investir mais na formação.

Direito Tributário

> "Na graduação, a gente só recebe os conceitos gerais de tributário, não existe nenhuma faculdade de Direito que forme um especialista em Direito Tributário. É preciso buscar formação complementar para trilhar uma carreira de sucesso na área."
>
> *Gilberto Luiz do Amaral, presidente do IBPT (Instituto Brasileiro de Planejamento Tributário).*

Durante a faculdade, no entanto, estar atento a algumas disciplinas pode ajudar, e muito. O Direito Tributário está intimamente ligado ao Direito Constitucional, Administrativo e Processual Civil, mas tem relação também com Direito Penal, Direito Civil e com outras áreas, como contabilidade e economia.

Nos últimos anos, o interesse dos estudantes de Direito pela carreira em Direito Tributário vem crescendo. Até bem pouco tempo, muitos temiam a área por causa da necessidade de saber matemática e contabilidade, por exemplo. Hoje as pessoas já estão conscientes de que podem contratar consultores nessas áreas, se não as dominarem bem.

Mas os especialistas são uníssonos em afirmar que quem não gosta de matemática nem deve pensar em fazer carreira no Direito Tributário. Os escritórios de advocacia e as empresas estão em busca do profissional que ajude seus clientes a encontrar formas legais de economizar dinheiro no pagamento de impostos. O advogado tributarista então não fica somente na parte jurídica, tem que fazer análise contábil e fiscal, tem que ter conhecimento de gerenciamento empresarial. Se não sabe como as coisas funcionam, não consegue enxergar maneiras de reduzir os gastos com tributos.

O advogado é cada vez mais chamado a ajudar no gerenciamento da companhia e nas tomadas de decisões. No Direito Tributário, como em outras áreas de atuação do Direito, é preciso estar preparado para fazer parte da esfera decisiva e não mais dizer sim ou não para novos negócios. Espera-se que o advogado diga como.

A formação mais sólida em contabilidade pode ajudar no caminho para o sucesso. Não apenas um curso rápido, mas, quem sabe, uma faculdade de contabilidade. Polêmicas à parte, em um ponto todos concordam: a pós-graduação é um caminho também inevitável para o advogado tributarista. Hoje em dia, não faltam bons cursos em todo o país.

Especialistas afirmam também que, com tantos programas de pós, um profissional pode se especializar ainda mais e atuar em áreas que estão em franca expansão. Duas delas são Direito Tributário Internacional e Direito Tributário Penal. A primeira tem como clientes grandes empresas, multinacionais, importadoras e exportadoras, e o advogado interessado em ingressar nesta área precisa, no mínimo, dominar bem o inglês, mas vai se destacar mesmo se também tiver conhecimento de outros idiomas. O Direito Tributário Penal trata, entre outras coisas, dos casos de sonegação fiscal em que o contribuinte sofre também um processo penal.

Um advogado tributarista cuida da instituição, cobrança e arrecadação dos tributos e atende empresas, da micro até a grande, assim como pessoas físicas. Todo mundo paga imposto de alguma forma e pode recorrer a um advogado diante de um problema, um conflito, ou até mesmo para procurar uma forma legal de economizar dinheiro com o pagamento de impostos, o chamado planejamento tributário.

De acordo com o IBPT (Instituto Brasileiro de Planejamento Tributário), o advogado tributarista pode atuar em:

- consultoria (trabalho preventivo);
- administração (gerenciando o que existe para pagar);
- contenciosa administrativa (o imposto foi lançado e o advogado está sendo cobrado);
- contenciosa judicial (quando a questão já foi parar na Justiça).

> "Como um advogado tributarista lida com arrecadação de impostos, acredito que é fundamental ter uma experiência com trabalho voluntário. Ajuda a ter outra visão do mundo e dos recursos financeiros. Na hora de contratar, sempre dou preferência a quem já fez trabalho voluntário."
>
> *Roberto Quiroga Mosquera, especialista em Direito Tributário.*

Voltando no tempo

Até o início da década de 90, a carreira de advogado tributarista atraía muitos jovens recém-formados, de olho nas "facilidades" da área. Isso porque o governo infringia a Constituição com relativa frequência, e os tributaristas partiam para o conflito. Mas isso acabou, hoje raramente as regras e normas do governo ferem a Constituição e os profissionais da área precisam

Direito Tributário

trabalhar mais no sentido de reduzir a carga tributária. Daí a necessidade de uma formação mais ampla, que inclui o domínio de contabilidade, por exemplo.

Atuação profissional

Nos últimos anos, temos visto companhias contratarem especialistas para acompanhar as novidades em tempo integral ou recorrerem aos escritórios para contar com profissionais de alto gabarito e garantir inclusive a viabilidade dos negócios. Isso porque a questão tributária é decisiva quando falamos de negócios.

Mesmo com as promessas de uma reforma tributária, que em tese deixaria o nosso sistema tributário mais simples, a carreira de advogado tributarista deve continuar promissora. De qualquer forma, é importante ressaltar que a demanda por advogados tributaristas não se deve somente à complexidade do sistema brasileiro. A complexidade exige um grau maior de especialização, mas países com sistemas de tributação simples, como os Estados Unidos, representam um enorme campo de trabalho para o advogado especializado em Direito Tributário. Isso se deve ao grande o volume de negócios, exportações, importações, etc.

O que não se pode negar é que a globalização e as consequentes mudanças no cenário econômico aumentaram ainda mais os campos de atuação de um tributarista. Isso porque, quando falamos em fusões, aquisições e outras transações, a questão tributária é crucial.

> "Já houve um caso em que a ideia inicial era promover a incorporação de uma empresa pela outra, mas, com as perspectivas tributárias, o melhor caminho foi a fusão."
>
> Paulo de Barros Carvalho, advogado especializado em Direito Tributário e professor da USP e da PUC-SP.

Em termos financeiros, muitos advogados apontam o Direito Tributário como uma das áreas mais rentáveis. No começo da carreira, um tributarista não ganha muito, mas se persistir, investir na formação e trabalhar com seriedade vai subindo até chegar a um patamar financeiro muito bom. Saber idiomas pode fazer a diferença. O inglês é básico, mas quem domina o alemão, por exemplo, tem acesso à doutrina mais moderna do Direito Tributário.

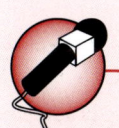

ENTREVISTA

Ruy Barbosa Nogueira foi eleito, em outubro de 2000, o tributarista do século. A eleição aconteceu durante o 2º Congresso Brasileiro de Planejamento Tributário, e outros 11 advogados disputaram o título. Nogueira, falecido em maio de 2003, tinha mais de 65 anos de profissão, foi professor por quarenta anos e orgulhava-se de ter sido o primeiro professor de Direito Tributário do Brasil. Mesmo com mais de 80 anos, ainda trabalhava, elaborando pareceres.

Como é que o senhor se especializou em Direito Tributário?
Quando eu tinha 16 anos, foi criada a Fiesp – Federação das Indústrias do Estado de São Paulo – e eu fui trabalhar lá. Ainda estava no ginásio (hoje ensino fundamental) e me encarregaram de cuidar do departamento de impostos.

Foi aí que surgiu o interesse?
Sim, então tive que buscar o conhecimento científico, estudei seis idiomas e viajei muito para aprender. Conheci 168 países.

E a graduação em Direito onde o senhor fez?
Eu me formei pela USP, tenho paixão pela Faculdade de Direito do Largo São Francisco, onde fui diretor depois por quatro anos. Mas, na época em que cursei a faculdade, eram sete anos de curso, porque incluía o que eles chamavam de pré-jurídico, equivalia ao colegial (ensino médio), mas com excelentes professores.

Qual é o caminho para se tornar um bom advogado tributarista hoje?
É buscar um bom curso de Direito e depois conseguir um estágio na área.

Do ponto de vista financeiro, é uma boa carreira?
Sim, especialmente em cidades como São Paulo, em que existem muitas indústrias e o comércio é intenso.

Características do profissional em Direito Tributário

- gostar de matemática;
- capacidade para o trabalho em equipe;

Direito Tributário

- saber inglês e, hoje em dia, alemão ou espanhol também;
- ter conhecimento de contabilidade;
- compreender os movimentos de uma economia globalizada;
- disposição para buscar atualização constante.

Sugestões de leitura

Curso de Direito Tributário e Finanças Públicas, de Eurico Marcos Diniz de Santi.
Direito Tributário, Constituição e Código, de Leandro Paulsen.
Curso de Direito Tributário, de Paulo de Barros Carvalho.
Curso de Direito Tributário, de Sacha Calmon Navarro Coelho.
Direito Processual Tributário, de Dejalma de Campos.

Sites úteis

www.abdc.org.br (Instituto Brasileiro de Planejamento Tributário)
www.tributario.com (revista digital)
www.impostometro.com.br
www.ceatbrasil.com (Centro de Estudos Avançados de Direito Tributário e de Finanças Públicas do Brasil)
www.ibet.com.br (Instituto Brasileiro de Estudos Tributários)
www.fesdt.org.br (Federação Escola Superior de Direito Tributário)
www.iladt.org (Instituto Latinoamericano de Derecho Tributario)

Direito Urbanístico

Esta não é ainda uma carreira promissora para advogados recém-formados, mas pode se tornar nos próximos anos. Com o Estatuto da Cidade, conjunto de leis sancionado em julho de 2001, a questão urbanística deve ganhar mais espaço e aí advogados especializados começarão a ser requisitados.

> "O brasileiro de maneira geral está preocupado com a degradação da qualidade de vida, daí a importância do Direito Urbanístico."
>
> *Marcos Jordão Teixeira do Amaral Filho, advogado especializado em Direito Administrativo, Ambiental e Urbanístico.*

Para a advogada Odete Medauar, o Estatuto da Cidade prevê a possibilidade de qualquer pessoa mover ação na Justiça contra o poder público e contra o cidadão que lesar a ordem urbanística. "Assim, até um prefeito pode ser réu e, como o país tem 5 mil prefeituras, acredito que há uma possibilidade real de o Direito Urbanístico se tornar um bom campo de ação para advogados", disse ela.

Outras questões, até então inéditas, também começam a surgir e, há pouco tempo, tivemos o primeiro caso no Rio de Janeiro de compra dos direitos de superfície. Ou seja, uma pessoa compra de outra a garantia de que não vai perder aquela vista para o mar, para uma lagoa, etc. Em outras palavras, quem vende os direitos se compromete a não construir mais andares durante um determinado tempo. "Todas essas questões exigem a participação de um advogado especializado em Direito Urbanístico", disse Luís Portella Pereira, advogado que atua nas áreas de Direito Imobiliário e Urbanístico, em Salvador, na Bahia.

A cidade de São Paulo testemunhou também uma grande polêmica, envolvendo praticamente toda a sociedade, em 2002, quando foi votado o novo Plano Diretor. Todo município com mais de 20 mil habitantes deve ter um Plano Diretor, segundo o advogado Marcos do Amaral Filho. Isso está previsto na Constituição e aos poucos os municípios vão caminhando nesse sentido. "A tendência do Estado é regular a vida nas cidades", disse ele.

Luís Portella Pereira afirma que, antes do Estatuto da Cidade, a questão urbanística era tratada apenas pelos arquitetos. Hoje já há um consenso no sentido de criar equipes multidisciplinares para tratar do assunto. Seriam equipes compostas por arquitetos, engenheiros de trânsito, biólogos, para analisar a questão do meio ambiente, médico sanitarista e, claro, advogados. Isso vale especialmente na hora de formular os planos diretores para os municípios. "Plano diretor já era uma exigência constitucional e agora o Estatuto da Cidade trouxe mais instrumentos para a ordenação das cidades", explica Pereira.

Formação profissional

Existe uma discussão teórica sobre o Direito Urbanístico, se pertence ou não ao Direito Administrativo, mas se percebe um consenso: trata-se de uma área independente. "Houve um tempo em que se dizia que pertencia ao Direito Econômico, depois ao Administrativo e agora ganha força como uma área autônoma", disse Marcos do Amaral Filho, advogado atuante na área. De toda forma, quem se interessa por esta área e quer investir no futuro, esperando um crescimento da demanda, vai ter que estudar por conta própria ou buscar uma pós-graduação. A disciplina Direito Urbanístico não faz parte dos currículos das faculdades de Direito. "O próprio Direito Ambiental só foi introduzido na USP depois de um abaixo-assinado dos alunos", recorda Odete Medauar, professora da USP.

Como comecei

"Trabalhei por mais de trinta anos na área de registro de imóveis, me especializei em Direito Imobiliário e sempre gostei da questão urbanística, especialmente do Direito Urbanístico, mas em termos de legislação não tínhamos quase nada. Em 1998, quando vi o Estatuto da Cidade, aí sim tive certeza de que pelos próximos vinte anos vamos ter trabalho nesta área."

Luís Portella Pereira, advogado especializado em Direito Imobiliário e Urbanístico

Sugestões de leitura

Estatuto da Cidade e seus instrumentos urbanísticos, de João Carlos Macruz, José Carlos Macruz e Mariana Moreira.
Estatuto da Cidade, de Sergio Ferraz e Adilson Abreu Dallari.
Estatuto da Cidade comentado, de Celso Antonio Pacheco Fiorillo.
Direito Urbanístico brasileiro, de José Afonso da Silva.
Plano Diretor, de Carlos Henrique Dantas da Silva.

Site útil

www.estatutodacidade.org.br

Direitos Humanos

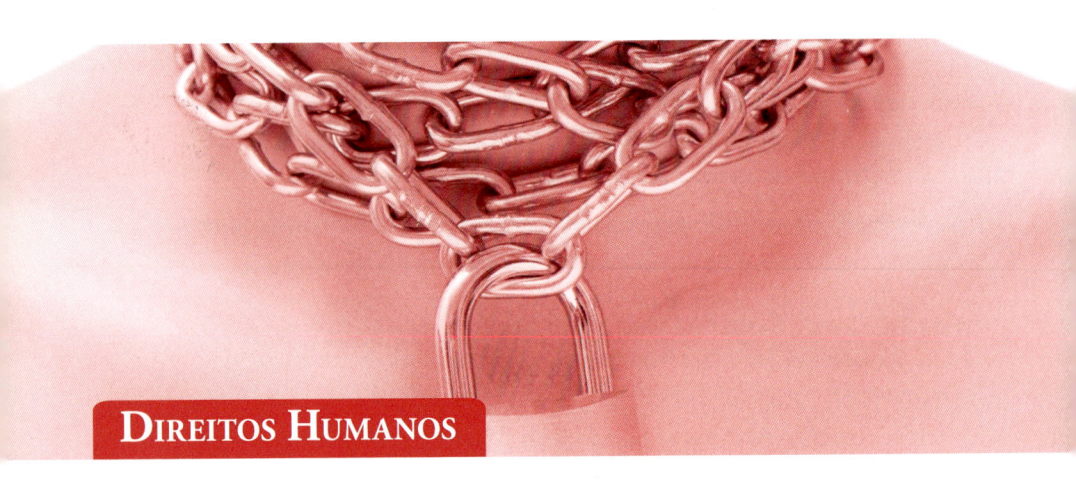

Não se pode dizer que Direitos Humanos seja necessariamente uma carreira ou um campo de trabalho para advogados hoje no Brasil. Quase todos os que atuam nesta área fazem isso por ideal ou até mesmo por vocação, quase sempre de forma voluntária, sem rendimentos, e exercem, ao mesmo tempo, a advocacia em outras áreas, em que efetivamente ganham dinheiro.

Pouco a pouco, essa situação começa a mudar no Brasil e no mundo. Escritórios e organizações não governamentais já atuam no sentido de buscar fontes de renda e financiamento para custear suas causas e assim remunerar dignamente advogados especializados em Direitos Humanos. Desta forma, quem sonha em se formar em Direito para abraçar uma carreira ligada aos Direitos Humanos já pode vislumbrar uma maneira de sobreviver ou, pelo menos, complementar a renda obtida em uma atividade paralela.

Formação profissional

"Quase 100% dos advogados começam na área de Direitos Humanos como voluntários e depois buscam uma forma de remuneração", disse Tarcísio Dalmaso, consultor jurídico do Movimento Nacional de Direitos Humanos (MNDH). Dalmaso deixou o Rio Grande do Sul para fazer mestrado em Proteção Internacional de Direitos Humanos em Brasília e nunca mais saiu desta área. "Eu já tinha vocação, no sentido de ter sensibilidade para a questão social", disse ele.

Atualmente, Dalmaso presta consultoria a diversos organismos internacionais, como a Cruz Vermelha, e é também professor universitário em Brasília. Uma das características da área de Direitos Humanos é permitir uma dedicação parcial, ou seja, a atividade pode ser exercida paralelamente à docência ou até mesmo à advocacia em outras áreas.

Atuação profissional

Muitos advogados buscam atuar na área de Direitos Humanos para dar um sentido social ao trabalho. Esse foi o caso, por exemplo, de Marcelo Silva Freitas, advogado que atuou como assistente do Ministério Público no julgamento de Eldorado dos Carajás e já trabalhou em diversos outros casos de violação dos direitos humanos no Pará, onde reside. Paralelamente a esta atividade, Freitas está à frente de um escritório de advocacia sindical e trabalhista. "É de onde eu tiro o sustento", explica.

Como advogado de entidades não governamentais, o máximo que um profissional consegue, segundo Marcelo Silva Freitas, é ser assalariado. Por outro lado, Tarcísio Dalmaso acredita que é possível receber quantias maiores, atuando como consultor de entidades internacionais fortes na defesa dos direitos humanos. Segundo ele, está havendo uma mudança cultural e começam a aparecer escritórios específicos de Direitos Humanos, financiados de maneira diferente.

> "Na área de Direitos Humanos, não vale a lógica tradicional dos honorários. As pessoas que precisam de advogados nessa área quase nunca podem pagar, por isso é preciso buscar outra forma de custear o trabalho do advogado."
>
> *Tarcísio Dalmaso, advogado especializado em Direitos Humanos.*

Em alguns escritórios e ONGs, nos Estados Unidos e na Europa, os recursos para pagar os funcionários vêm de financiamentos, doações e parcerias. Advogados que atuam, mesmo no Brasil, como consultores de grandes entidades internacionais também conseguem receber quantias dignas pelos seus serviços.

Mas a carreira em Direitos Humanos não deve chegar a ser o que se pode chamar de uma carreira rentável.

Direitos Humanos

> "Quem busca enriquecer deve fazer advocacia empresarial. Quem ingressa na área de Direitos Humanos não está buscando dinheiro, quer sobreviver com dignidade e pode até gerenciar a carreira de forma que dedique apenas parte do seu tempo aos Direitos Humanos."
>
> *Tarcísio Dalmaso, advogado especializado em Direitos Humanos.*

Nos últimos anos, a questão dos Direitos Humanos tem estado cada vez mais em evidência e até de uma maneira mais ampla. "Hoje há uma visão mais abrangente, falamos em direitos humanos, sociais e culturais, até porque liberdade sem comida não adianta", disse João José Sady, que foi vice-presidente da Comissão de Direitos Humanos da OAB de São Paulo. Por isso, a demanda por advogados especializados na área tende a crescer, especialmente para consultoria. "Os problemas também estão mais complexos, então os movimentos sociais precisam de advogados especializados", disse Tarcísio Dalmaso, do MNDH.

Características do profissional em Direitos Humanos

- capacidade de diálogo;
- pensamento plural – conhecer e respeitar as diferentes ideologias;
- iniciativa – as informações nem sempre estão disponíveis;
- disponibilidade para exercer trabalho voluntário ou de baixa remuneração no início da carreira.

Sugestões de leitura

Os Direitos Humanos, Econômicos, Sociais e Culturais, de Jayme Benvenuto Lima Júnior.
Direitos Humanos e Estatística, de Thomas B. Jabine.
Intolerância religiosa e Direitos Humanos, de Clemildo Anacleto da Silva.
Política criminal e Direitos Humanos, de Rafael Braude Canterji.

Sites úteis

www.direitoshumanos.usp.br (biblioteca virtual de Direitos Humanos, da Universidade de São Paulo)

www.mndh.org.br (Movimento Nacional de Direitos Humanos)

www.un.org (site da ONU sobre os 60 anos da Declaração dos Direitos Humanos)

www.fidh.org (Federação das Organizações de Direitos Humanos)

Responsabilidade Civil

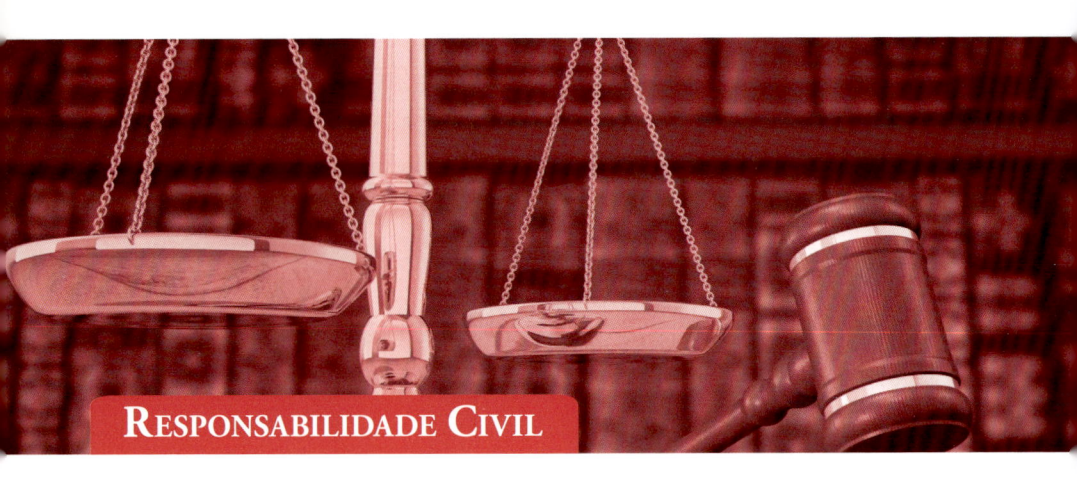

Uma série de fatores fez surgir no mundo jurídico uma nova área de atuação: responsabilidade civil. O Código Civil, em vigor desde janeiro de 2003, previu expressamente a questão do dano moral e, a partir daí, ficou mais fácil reunir argumentos para um processo. Paralelamente, com o Código de Defesa do Consumidor e o processo de democratização do país, houve uma maior conscientização das pessoas em relação aos seus direitos. O resultado é o crescimento do número de ações. Se em 1998 foram 540 ações por dano moral e material, chegamos a 2007 com nada menos que 12.687 processos.

Podemos dividir a área de Responsabilidade Civil em duas, Direito Material e Direito Moral. O primeiro se refere aos danos palpáveis, possíveis ou mais fáceis de serem mensurados; o segundo é mais subjetivo. Em outras palavras, o valor da indenização é arbitrado e, neste ponto, o Brasil tem características peculiares. É famoso, segundo os advogados que atuam na área, por pagar indenizações simbólicas. Isso se deve a uma questão cultural. O Poder Judiciário trabalha com a prerrogativa de que ninguém deve enriquecer com uma ação por dano moral e há casos em que a Justiça manda reduzir o valor da indenização definido pelo juiz.

Indenizações de valores irrisórios não são exclusividade do Brasil, mas estão presentes em muitos países mais pobres. Nos Estados Unidos, ao contrário, são pagas as maiores indenizações. Para especialistas, a raiz do problema está na forma de encarar uma indenização. Muitos defendem que o importante é oferecer uma compensação ao lesado, mas, ao mesmo tempo, desestimular a repetição do problema.

> "Há casos em que as empresas ganham mais pagando a indenização do que mudando o rumo dos negócios."
>
> Laila Abud, advogada especializada em Direito Civil.

Formação profissional

Como estamos diante de uma área nova, a formação não acontece na graduação. É claro que Responsabilidade Civil está presente no Direito Civil, mas quem deseja se aprofundar e atuar com exclusividade neste campo promissor deve buscar formação complementar. Competência, como em todas as áreas, é fundamental. Um advogado mal preparado, especialmente se está travando uma batalha contra uma empresa de porte, pode levar o cliente a perder um processo cuja vitória seria tranquila. Habilidade e preparo podem significar paridade de armas, algo essencial para uma batalha.

> "Vivemos um processo de amadurecimento que levou anos. Nas décadas de 70 e 80, quando se falava em indenizar, logo alguém dizia que isso era pagar um preço pela dor dos outros, que não teria um valor definido."
>
> Regina Beatriz Tavares da Silva, coordenadora do curso de Especialização em Responsabilidade Civil do GVLaw (Fundação Getúlio Vargas).

Os interessados devem ficar atentos à formação contínua, porque as mudanças são constantes. Se há vinte anos a área sequer existia, quem está hoje na faculdade deve se preparar para um cenário de mutação constante.

Há também a possibilidade de se tornar especialista em subáreas, como a área de erros médicos, com o Direito Médico. E outras devem surgir nos próximos anos. Os casos de indenização por acidente do trabalho foram deslocados para o Direito do Trabalho, o que, em pouco tempo, deve abrir um novo nicho de atuação.

Atuação profissional

No Brasil, é tudo muito novo quando falamos em Responsabilidade Civil, mas a tendência é, como nos Estados Unidos, termos escritórios especializados em defender vítimas e bancas voltadas para a atuação ao lado daqueles que provocam os danos. Algumas bancas brasileiras, com atuação reconhecida na área, também buscam parceria com escritórios estrangeiros para atuarem em outros países. Afinal de contas, com a globalização da economia, o mundo dos negócios perdeu as fronteiras territoriais. Empresas como a Dell, fabricante de computadores, mantinha, nos primeiros anos do século 21, unidades produtoras em seis países, usando componentes oriundos de diversos países. No caso de uma ação por danos morais ou materiais, cabe aos advogados ver qual é o melhor país para ingressar com o processo e quais as correlações que podem ser estabelecidas para auxiliar o cliente na conquista da indenização justa. O mesmo se dá na indústria aérea, em que aviões têm uma determinada nacionalidade quando olhamos a propriedade, outra, se o fabricante estiver envolvido, outra, ainda, se o fornecedor da turbina for o causador de um desastre, por exemplo.

Os especialistas voltados para o atendimento às vítimas também destacam outro diferencial da carreira. O advogado atuante nesta área precisa ter estrutura para investir no caso, inclusive com gastos importantes para compor o processo, como perícia, e só receber mais tarde, quando o caso chegar a uma decisão.

Sugestões de leitura

Acidente do trabalho e a Responsabilidade Civil, de José Cairo Júnior.
A culpa na Responsabilidade Civil, de Marcelo Junqueira Calixto.
Direito Civil – Responsabilidade Civil, de Julio César Rossi e Maria Paula Cassone Rossi.
Meio Ambiente e Responsabilidade Civil do Proprietário, de Patrícia Faga Iglecias Lemos.

Site útil

www.lieffglobal.com (rede mundial de escritórios ligados à responsabilidade civil)

4 ANEXOS

4.1 Relação dos mais importantes escritórios de advocacia

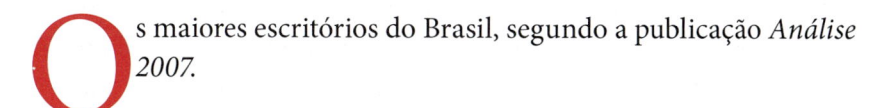

Os maiores escritórios do Brasil, segundo a publicação *Análise 2007*.

1. Tozzini, Freire, Teixeira e Silva (www.tozzinifreire.com.br)
2. Demarest & Almeida (www.demarest.com.br)
3. Pinheiro Neto Advogados (www.pinheironeto.com.br)
4. Machado, Meyer, Sendacz e Opice (www.mmso.com.br)
5. Siqueira Castro Advogados (www.siqueiracastro.com.br)
6. Mattos Filho, Veiga Filho, Marrey Jr. e Quiroga (www.mattosfilho.com.br)
7. Noronha Advogados (www.noronhaadvogados.com.br)
8. Veirano Advogados (www.veirano.com.br)
9. Décio Freire & Associados (www.deciofreire.com.br)
10. Barbosa, Müssnich & Aragão (www.bmalaw.com)
11. Martinelli Advocacia Empresarial (/www.martinelli.adv.com)
12. Emerenciano e Baggio (www.emerenciano.com.br)
13. Leite, Tosto e Barros (www.tostoadv.com)
14. Gaia, Silva, Rolim e Associados (www.gaiasilvarolim.com.br)
15. Trench, Rossi e Watanabe (www.trenchrossiewatanabe.com.br)
16. Pellon & Associados (www.pellon-associados.com.br)
17. Gouvêa Vieira Advogados (www.eagv.com.br)
18. Azevedo Sette Advogados (www.azevedosette.com.br)
19. Menezes e Lopes Advogados (www.menezesda.com.br)

Anexos

20. Dannemann Siemens (www.dannemann.com.br)
21. José Oswaldo Corrêa (www.eajjoc.com.br)
22. Lacaz Martins (www.lacazmartins.com)
23. MMC & Zarif Advogados (www.mmcz.adv.br)
24. Souza, Cescon Aved., Bar. e Flesch (www.scbf.com.br)
25. Fragata e Antunes (www.fragataeantunes.com.br)
26. Villemor Amaral Advogados (www.villemor.com.br)
27. Dantas Lee, Brock & Camargo (www.dlbca.com.br)
28. Martorelli e Gouveia (www.martorelli.com.br)
29. Silveira, Athia, Sorriano de Mello
30. Ulhôa Canto, Rezende e Guerra (www.ulhoacanto.com.br/produto/index.htm)
31. Castro, Barros, Sobral, Gomes Adv. (www.cbsg.com.br)
32. Machado Associados (www.machadoassociados.com.br)
33. Felsberg, Pedretti, Mannrich e Aidar (www.felsberg.com.br)
34. Levy Salomão Advogados (www.levysalomao.com.br)
35. Mesquita Pereira, Marc., Almeida, Esteves (www.mundodomarketing.com.br)
36. Édison Freitas de Siqueira (www.edisonsiqueira.com.br)
37. Brasil Salomão e Matthes (www.brasilsalomao.com.br)
38. Xavier, Bernardes, Bragança (www.xbb.com.br)
39. Sergio Bermudes (www.sbadv.com.br)
40. Velloza, Girotto e Lindenbojm (www.vgladv.com.br)
41. Wald e Associados Advogados (www.wald.com.br)
42. Rayes, Fagundes e Oliveira Ramos (www.rfor.com.br)
43. Fontes & Tarso Ribeiro (www.ftr.com.br)
44. Loeser e Portela Advogados (www.loeserportela.com.br)
45. Piazzeta e Boeira Advocacia Empresarial (www.piazzetaeboeira.com.br)
46. De Rosa, Siqueira Advogados (www.drslaw.com.br)
47. Rocha Calderon e Advogados (www.rochacalderon.com.br)
48. Neumann, Salusse, Marangoni Advogados (www.nsm.adv.br)
49. C. Martins Advogados (www.cmartins.com.br)
50. Pipek Advogados (www.pipek.com.br)
51. Bastos Tigre advogados (www.bastostigre.com.br)
52. Mundie e Advogados (www.mundie.com.br)
53. Balera, Gueller, Portanova (www.advocaciaprevidenciaria.adv.br)
54. Pinheiro Guimarães (www.pinheiroguimaraes.com.br)

55. Duarte Garcia Cas. Guimarães e Terra (www.dgcgt.com.br)
56. Thomé e Cucchi Sociedade de advogados (www.thomeecucchi.adv.br)
57. Lobo & Ibeas (www.loboeibeas.com.br)
58. Miguel Neto Advogados (www.miguelneto.com.br)
59. Motta Fernandes Rocha Advogados (www.mfra.com.br)
60. Momsen, Leonardos & Cia.
61. Lima e Falcão Advogados (www.limaefalcao.com.br)
62. Botelho, Spagnol Advogados (www.botelhoadvogados.com.br)
63. Braga & Marafon (www.bragamarafon.com.br)
64. Campos Mello, Pontes, Vinci, Schiller (www.cfts.com.br)
65. Sette Câmara, Corrêa e Bastos (www.scbadvogados.adv.br)
66. Trigueiro Fontes Advogados (www.trigueirofontes.com.br)
67. Almeida Advogados (www.almeidalaw.com.br)
68. Antonio Braz & Vanya Maia Advogados
69. Gontijo Mendes e Advogados (www.gontijomendes.com.br)
70. Martins & Salvia Advogados (www.martinsesalvia.com.br)
71. Paulo Cezar Pinheiro Carneiro (www.pcpcadv.com.br)
72. Brandão e Tourinho Dantas Advogados (www.btd.com.br)
73. José David Gil Rodrigues (www.jdgr.com.br)
74. Lefosse Advogados (www.lefosse.com.br)
75. Lilla, Huck, Otranto, Camargo e Messina (www.lhm.com.br)
76. Peixoto e Cury (www.peixotoecury.com.br)
77. Koury Lopes Advogados (www.klalaw.com.br)
78. Albino Advogados (www.albino.com.br)
79. De Vivo, Whitaker e Castro (www.dvwcg.com.br)
80. Andrade & Fichtner Advogados (www.afadv.com.br)
81. Paixão Côrtes (www.paixaocortes.com.br)
82. Bichara, Barata, Costa e Rocha Adv.
83. Rocha, Marinho e Sales (www.rochamarinho.adv.br)
84. Rubens Naves, Santos Jr., Hesketh (www.rubensnaves.com.br)
85. Advocacia Maciel (www.advocaciamaciel.adv.br)
86. Araújo e Policastro (www.araujopolicastro.com.br)
87. L.O. Baptista Advogados (www.baptista.adv.br)
88. Advocacia Pietro Ariboni (www.ariboni.com.br)
89. Gomes Hoffmann Advogados (www.gh.adv.br)
90. Manesco, Ramires (www.manesco.com.br)
91. Olimpio Azevedo Advogados (www.olimpiodeazevedo.com.br)

Anexos

92. Russo, Maruyama, Okada Advogados (www.russo.adv.br)
93. Arruda Alvim Wambier Advocacia (www.aawambier.com.br)
94. França Ribeiro (www.francaribeiro.com.br)
95. Queiroz Cavalcanti Advocacia (www.queirozcavalcanti.adv.br)
96. Tostes & Coimbra (www.tc.adv.br)
97. Pacheco Netos Advogados (www.fblaw.com.br)
98. Vieira, Rezende, Barbosa e Guerreiro (www.vrbg.com.br)
99. Juchem Advocacia (www.juchem.com.br)
100. Lobo & de Rizzo Advogados (www.loboderizzo.com.br)

Conheça também outros livros da FUNDAMENTO

▶ ADVOCACIA ESTRATÉGICA
Dr. Carlos Eduardo Paletta Guedes

Com ampla experiência nacional e internacional (na prestigiada Harvard Law School), Carlos Eduardo Paletta Guedes demonstra, em *Advocacia Estratégica*, que ter sucesso como profissional de Direito é resultado da adoção de uma postura ética, proativa e comprometida com seus clientes.

Advocacia Estratégica trata de temas essenciais, como produtividade, autoavaliação de desempenho e organização no trabalho. O autor/O texto também orienta você, advogado, a desenvolver o senso de liderança e manter um bom relacionamento com sua equipe e com outros profissionais.

Nesta obra, fundamental para quem deseja planejar a própria carreira, você encontrará instruções para:
– Administrar seu escritório de forma organizada.
– Avaliar honestamente a si mesmo e manter uma boa reputação perante o mercado.
– Ampliar sua rede de contatos profissionais e sua carteira de clientes.
– Saber o que buscam os escritórios e como tornar-se um "alvo" para contratações.

▶ **DIREITO DO TRABALHO**
Dr. Carlos Eduardo Paletta Guedes

Carlos Eduardo Paletta Guedes, autor de *Advocacia Estratégica*, desta vez aborda, de forma atual e prática, o *Direito do Trabalho*. Você, universitário ou profissional da Advocacia, terá a oportunidade de ler a base teórica de diversos temas relevantes, analisada profundamente e reforçada por estudos de caso.

Em *Direito do Trabalho*, você terá contato direto com a realidade dos tribunais brasileiros. Os casos são apresentados em seu contexto teórico e contam ainda com jurisprudências selecionadas, que irão enriquecer sua visão crítica e real das relações entre empregadores e empregados.

Você também encontrará exercícios e maneiras de verificar a existência de risco trabalhista. Detalhes como estes fazem de *Direito do Trabalho* uma obra indispensável aos interessados nesta área, extremamente rica, interessante e controversa.

EDITORA FUNDAMENTO

www.editorafundamento.com.br
Atendimento: (41) 3015.9700